SIMONIS

Wolle und Seide

SOZIALHYGIENISCHE SCHRIFTENREIHE

5

Herausgegeben vom
Verein für ein erweitertes Heilwesen
Stuttgart

Inhalt

Einleitung

Einem Beobachter der Zeiterscheinungen kann es auffallen, daß in den letzten Jahrzehnten eine merkwürdige Unruhe auf dem Gebiete der menschlichen Bekleidung herrscht. Die Wellen der Mode laufen zwar schnell über alle Erdteile, doch sie sind spürbar kurzlebiger als etwa noch vor dem Zweiten Weltkrieg, und immer mehr wird die Neigung sichtbar, sich anzuziehen, wie man will. Da gibt es dann neben der mehr oder weniger konservativen männlichen Kleidung eine große Gruppe der »Protestler«, die in der Buntheit und Skurrilität ihrer Bekleidung die Ablehnung des »Herkömmlichen« zum Ausdruck bringen und für diese Dinge oft erstaunlich viel Energie, Geld und Aufmerksamkeit erübrigen. Bemerkenswert ist auch, daß in der jungen Generation die über Jahrhunderte praktizierte Unterscheidung des Männlichen und Weiblichen in der Kleidung zunehmend verwischt wird.

So treten im Straßenbild die verschiedensten Moderichtungen nebeneinander in Erscheinung, und man kann den Eindruck haben, daß keine rechte Einsicht vorliegt, welche Aufgabe die Bekleidung eigentlich zu erfüllen hat. Damit scheint in Zusammenhang zu stehen eine auffallende Gleichgültigkeit gegenüber den *Materialien* der Kleidung. Hier sind Gesichtspunkte der Bequemlichkeit und Preisgünstigkeit heute so sehr in den Vordergrund gerückt, daß nach möglichen gesundheitlichen Folgen, nach dem körperlichen oder gar geistig-seelischen Wohlbefinden nicht mehr gefragt wird.

Gerade mit dieser Frage hat sich aber zum Beispiel der Arzt in der täglichen Praxis auseinanderzusetzen. Zweifellos wird man vom Standpunkt der modernen Medizin, der Bekleidungs- und allgemeinen Hygiene eine Fülle von Tatsachen zusammentragen können, die etwas über das Für und Wider bestimmter Angewohnheiten und Entwicklungen auf dem Felde der Kleidung aussagen. Dies soll auch in der vorliegenden Studie immer wieder geschehen. Es wird sich aber zeigen, daß manche Phänomene befriedigend erst zu deuten sind, wenn anthroposophisch-geisteswissenschaftliche Begriffe hinzugezogen werden, Begriffe, die dem geistig-seelischen Wesen des Menschen gerecht zu werden versuchen. Unter diesem Aspekt sind die folgenden Ausführungen zu verstehen.

In frühen Zeiten waren weniger Klima und Wärmebedürfnis dafür bestimmend, wenn Menschen sich Hüllen um ihre Glieder und ihren Körper legten oder den Kopf bedeckten. In manchen Hinweisen auf die Evolution der Menschheit stellt Rudolf Steiner dar, wie der frühere Mensch nicht nur Erinnerungen an seinen vorgeburtlichen Zustand in der geistigen Welt mitbrachte, sondern auch auf der Erde noch ein Schauen hatte, das den geistigen Teil des Menschen wahrnahm, vielleicht sogar mehr wahrnahm als den physischen. Die geistige Welt erlebte der Mensch in aurischen Farben, ebenso wie das seelisch-geistige Wesen des Menschen auf Erden. Er erlebte noch die farbige Aura, die seinen Körper umgab. Was er dann in seiner Kleidung zum Ausdruck brachte, war Erinnerung an sein vorgeburtliches, geistiges Sein und an seine Aura, war eine in künstlerischer Art aus der geistigen Welt auf die Erde »projizierte« Farbenhülle des Menschen.

In ähnlicher Weise sind die Hautbemalungen zu verstehen, die sich bei bestimmten Menschengruppen später weiter vererbt haben.

Seit den Menschen die Fähigkeit immer mehr verloren ging, die geistigen Welten zu erleben, wurde die Kleidung etwas, was nur noch äußeren Zwecken diente. Letzte Anklänge an frühe Zeiten und derartige Zusammenhänge sind Farben und Formen mancher Kultgewänder.

Ein direktes Bewußtsein von den geistigen Bereichen, aus denen er stammt, ist dem Menschen heute nicht mehr gegeben. Wenn er jedoch nicht Gefahr laufen will, dem Dogma des Materialismus zu erliegen, wird er versuchen müssen, sich Erkenntnismöglichkeiten mit den Mitteln des heutigen Bewußtseins zu verschaffen; hierzu gehört auch, unter vielem anderen, eine Vorstellung von der Eigenart des Menschen als Wärmewesen und von den damit verbundenen Bekleidungsbedürfnissen.

Die Bekleidungsgewohnheiten haben nicht nur weitgehend die Beziehung zum Künstlerischen verloren, sondern auch den Sinn für die Schutzfunktion der Kleidung, weil man heute kein wahres Bild vom Menschen mehr hat und somit auch nichts von dem komplizierten menschlichen Wärmeorganismus weiß.

Von diesen Gesichtspunkten aus sollen die folgenden Betrachtungen den Leser, der es will, wacher machen für die Wirkungen, die die Materialien seiner Kleidung ausüben. Der fortschreitende Instinktverlust und unbestimmbare Einflüsse, die sich häufig als »Mode« bezeichnen, haben es mit sich gebracht, daß auch das Qualitätsbewußtsein immer mehr verloren gegangen ist. Wir müssen damit rechnen, daß die vom Menschen verursachten Umweltschäden auf ihn zurückwirken und ihn gesundheitlich nicht nur von außen, sondern auch von innen zunehmend schädigen. Die Kleidung, bei der das Umweltproblem im wörtlichen Sinne anfängt, könnte dazu beitragen, derartige Schäden an seinem Körper auf das geringstmögliche Maß zu beschränken, ihn in seinen Abwehrkräften zu unterstützen statt zu schwächen und seine Individualität zu fördern statt zu schädigen.

Die Wärme im Leben des Menschen

Begleiten wir den Jahreslauf von seiner äußerlich anscheinend stillen Phase von Herbst und Winter hinein in die aufbauende Zeit von Frühling und Sommer, dann steht vor unserem aufmerksamen Erleben ein Wandel von Kühle und Kälte zur sich steigernden Wärme und ihr allmähliches Abklingen zum nächsten Herbst und Winter. Wir erleben dann neben vielen klimatischen, sich ständig wandelnden Erscheinungen vor allem das Wasser als Nebel, Regen, Schnee und die großen Gewässer, die langsam durch Kälte zu Eis erstarren. Wie die Abwesenheit von Wärme das Wasser zu Eis werden läßt, so sehen wir auch, wie die von neuem auftretende Wärme das Eis hinschmelzen läßt und das Wasser frei gibt zu weiteren Wandlungs- und Rückwandlungsvorgängen, die uns alle bekannt sind. Überall wirken dabei Luft, Luftbewegungen, die Winde modifizierend ein. In diesen Vorgängen tritt uns Wärme als physische Wärme in ihrer physischen Wirkung entgegen. Wir kennen sie alle als solche.
Beobachten wir die Natur weiter, so kann uns niemals entgehen, daß Wärme, Sonnenwärme nach der Winterstarre *Samen* und Knospen des Pflanzenreiches aufweckt zu neuem Leben im jungen Jahre, daß Sonnenwärme Blumen hervorlockt und Früchte zum Reifen bringt. Die Wärme weckt das Leben in der Pflanzenwelt, läßt diese fruchten und befruchtet die Erde.
Das Wirken der Wärme im toten Mineralreich, in der lebendigen Pflanzenwelt ist aber nicht der einzige Wirkensbereich dieser Weltenqualität. Schauen wir in das dritte Naturreich, ins Tierreich, hinein! Da erleben wir, wie Wärme dort beginnt, sich in doppelter Weise zu manifestieren. In den niederen Tiergruppen, die natürlich genau so wenig leben können ohne Wärme wie die Pflanzen, zeigt sich noch ein wechselwarmes Verhalten in ihrem Leben. Sie können oder müssen ihr Leben und dessen Äußerungsmöglichkeiten noch den wechselnden Wärmeverhältnissen des Jahres und der Umwelt anpassen; aber dann tritt

etwas vollkommen Neues auf: In den Organismen warmblütiger Tiere haben wir verbunden mit vermehrter Atmung das Auftreten von originärer Innenwärme, die offenbar vollkommen unabhängig ist von der Außenwärme, eine Innenwärme, die zusammenhängt mit jener atmenden, seelischen Eigenart der Tiere, die ihnen ihre besonderen Bewegungs- und Empfindungsmöglichkeiten gibt. Diese innere Tierwärme, die nach außen strahlt, schützt das Tier auch vor der von außen eindringenden physischen Kälte und Wärme durch mancherlei organische Vorgänge. Die höheren Tiere entwickeln oft zusätzlich ein Haarkleid und wechseln es sogar je nach den Jahreszeiten. Sommer- und Winterpelze und andere physiologische Abläufe sind äußere Zeichen für den Wechsel der Jahreszeiten und für das Wirken der tierseelischen Wärme. Auf die Einzelheiten kann hier nur hingewiesen werden. Was aber interessiert, ist die Frage: Wie macht es der Mensch? Welches Verhältnis hat er zur Wärme, zur physischen Wärme der Außenwelt, zur Lebenswärme der Lebensprozesse und zur Seelenwärme, die im Tier schon gewisse Unabhängigkeiten vom Außenwirken der Naturkräfte ermöglicht?

Hat der Mensch an diesem Wärmewirken Anteil? Wie geht er mit der Wärme um, und wie fügt sich die Wärme in ihm zu der Tatsache, daß er gewissermaßen als viertes Naturreich über die erwähnten Reiche erhoben ist, so daß er sie sogar beherrschen lernen kann?

Verfolgen wir das Leben des Menschen in großen Zügen. Was erleben und wissen wir da als erwachsene, denkende Menschen? Wir können wissen, daß wir eine gewisse Leibestemperatur aufrecht halten – unabhängig von der umgebenden Wärme oder Kälte –, die zwischen 36,5 und 37 ° liegt, daß in Krankheitsfällen Steigerungen und Minderungen auftreten. Das geht von der Geburt bis zum Tode. Wenn wir feiner erleben, dann wissen wir, daß schon das Werden eines neuen Menschenleibes auf bestimmten Wärmevoraussetzungen beruht. Die Wärme der Liebe führt die Menschen zusammen, und ihnen gesellt sich ein geistiges Wesen zu, das zur Erde, d. h. zur Inkarnation hinstrebt. Die Wärme der Liebe in ihren unterschiedlichen Nuancen – im einfachsten Falle als Geschlechtsliebe auftretend – bereitet den Weg für ein neues Erdenwesen. Dieses neue Erdenwesen nistet sich ein in die Seelen- und Leibeswärme der werdenden Mutter und findet darin seine wesensgerechte Hülle. Die liebende Hüllennatur der Mutter vermittelt dem werdenden Erdenwesen schon im Leibe verschiedene Hüllen, die alle in intimste Wärmevorgänge eingetaucht sind und von ihnen durchpulst werden. Das warme, mütterliche Blut durchströmt das werdende Kind und ernährt es. Seine Temperatur ist dabei immer um einen halben Grad höher als die der Mutter.

Während die Mutter durch die Geburtsanstrengung physiologische Temperatursteigerungen von wenigen Zehntel Grad erleiden kann, die bei mehr als 38 ° schon pathologische Ursachen haben, erfolgt beim Neugeborenen eine Temperatursenkung, die immer ernst zu nehmen ist. Der schnelle Wärmeverlust nach der Geburt – infolge Verdunstung durch die dünne, feuchte Haut und noch fehlender eigener Wärmeregulation im Kinde – gefährdet jeden Neugeborenen, wenn er so abrupt sein gewohntes »Klima« in der Mutter verlassen muß. Seine eigene Innentemperatur beträgt da noch etwa 37,7 – 38,2 °. Drei Stunden nach der Geburt wird die höchste »physiologische« Abkühlung von etwa 2 ° festgestellt. Weiterer Temperaturabfall muß dann unbedingt durch äußere pflegerische Maßnahmen aufgehalten werden. Daß bei starken Temperaturstürzen Lebensgefahr eintreten kann, ist verständlich. Bei Aufenthalt in gleichmäßigen Wärmeverhältnissen – Umkleidung, Umwelttemperatur sowie regelmäßiger Nahrungszufuhr – ist ein Wärmegleichgewicht im gesunden Kinde gewährleistet. Man muß sich nur klar machen, daß eine intakte Wärmeregulation bzw. ein voll entfalteter Wärmeorganismus im Neugeborenen noch nicht da sein kann. Ein solcher entfaltet sich bei genügender Sorgfalt der hütenden Erwachsenen erst im Laufe der Entwicklung. Je »reifer« aber ein neugeborenes Kind ist, um so vollkommener kann die Funktion, die wir das Einspielen einer Wärmeregulation nennen, in Erscheinung treten. Diese Kinder können aber sogar noch in der warmen Jahreszeit – wenn sie ins Freie ausgesetzt werden – durch Wärmeverlust »erfrieren«, d. h. sterben.

Von Anfang des Erdenlebens an muß man bedacht sein auf angemessene aktive Wärmezufuhr von außen und dafür sorgen, daß keine unnötige Wärme verloren wird. Es besteht beim Verlassen des Mutterleibes eine ausgesprochene Insuffizienz der Wärmeregulation, der Atemregulation und der Verdauung, d. h. aller Funktionen, die das neugeborene Menschenkind für die Erdenwelt braucht und »lernen« muß, um leben zu können. Das Einspielen dieser Funktionen ist abhängig davon, wie die menschlichen Wesensglieder – d. h. physischer Leib, Lebensorganisation und Seelenorganismus – sich in ein gegenseitiges harmonisches Durchdringungsverhältnis setzen können. Das vierte menschliche Wesensglied – die genannten haben die Tiere auch –, die sogenannte Ich-Organisation, macht sich in ihrem regelrechten Eingreifen am spätesten bemerkbar, wenn sie auch dann im Regulieren der Wärmeverhältnisse eine Hauptrolle spielt. Es ist andererseits aber doch so, wie wenn die höchste Organisation im Menschen schon immer wie von ferne lenkend eingriffe, bis die drei anderen Wesensglieder ihr die intakte Wärmeregulation, die der Seelenorganismus vorbereitet, als Instrument zu eigenem Eingreifen »übergeben«. Wir reden von der »Eigenwärme« des Menschen und wissen, daß in dieser Eigenwärme das menschliche »Ich« lebt, indem es sie reguliert, sie ständig lenkt je nach seinem Eingreifen in die Physiologie des Organismus. Zu allem, was das menschliche Ich auf Erden beabsichtigt, braucht es Wärme. Um diese Lenkung der Wärmeorganisation durchführen zu können, stehen unterschiedliche Organisationen im Leibe zur Verfügung, die als Anlage mitgebracht, aber erst in der Zeit nach der Geburt ausgebildet und voll tätig werden. Dazu gehört eine Atmung, die sich immer auch den Wärmeansprüchen anpaßt; weiter wirkt die Schweißabsonderung und -verdampfung temperaturregulierend und nicht zum geringsten die Ernährung und der innere Stoffwechsel.

Das Wärmeleben des Menschen besteht in einer ständigen Pflege dieser Qualität. Am Lebensanfang muß die Wärme bewahrt werden. Dann geht der Mensch über zur Erzeugung und Regulierung von Eigenwärme. Mit dem ausklingenden Leben, während dessen die Selbsterzeugung von Wärme in abgemindertem Maße weitergeht, tritt wieder die Notwendigkeit auf, Wärme zu bewahren und zusammenzuhalten. Sie kann nur erzeugt werden, solange Ernährungsmöglichkeiten aufrecht erhalten werden können. Diese Pflege der Wärme im Menschen geschieht für und durch das menschliche Ich, denn nur in ihm kann Geistiges im Menschen sich offenbaren.

Nun gibt es selbstverständlich auch Störungen verschiedenster Art, die das menschliche »Feuer« in Gefahr bringen. Das sind vor allem die Krankheiten. Wir kennen warme und kalte Krankheiten, solche, die akut mit heftigen Wärmestößen, d. h. mit Fieber auftreten, und solche, die ohne Fieber, ja mit Untertemperaturen dahinschleichen. In dem einen Falle erleben wir die Wärmeorganisation in heftiger Abwehr, im anderen scheint die Abwehr zu erliegen, zu erlöschen. Alles das zeigt das Ringen des menschlichen Ich um sein Gleichgewicht in dem physiologischen Geschehen des Leibes. Aber es gibt noch andere Schwierigkeiten, die dem Ich und seiner Wärmeorganisation bereitet werden, auf die noch eingegangen wird.

Was fördert, unterhält und facht die Wärme an? Das zeigt uns schon das kleine Kind: Bewegung und Ernährung. Wir haben es also mit Tätigkeiten zu tun, die vom unteren Organismus ausgehen, von den Gliedern und von den Stoffwechselorganen. Der Kopf trägt wenig dazu bei, wenn auch in ihm das Wärmezentrum liegt. Dem Kopfe ist das kühle Denken eigen. Bei hitzigem Denken kommt nicht viel Gescheites heraus. Aber der untere Organismus liefert das Lebensfeuer, liefert die Wärme für das Willensleben, soweit dieses vom menschlichen Ich entzündet und durch entsprechende Organfunktionen möglich wird. Zwischen beiden Polen des Menschen lebt der mittlere, rhythmische Organismus im Atmen, im Pulsen des Blutes, in der Herztätigkeit. Hier hat das Fühlen seine eigene Region; aber beide Pole – von oben wie von unten – greifen mit ihren Eigenarten in diese mittlere, rhythmische Region ein, wie diese in die Tätigkeiten des Kopfes und der Stoffwechsel-Gliedmaßen-Organisation hineinwirkt.

Der Mensch, der darauf organisiert ist, ein *denkendes Willenswesen* auf Erden zu sein, braucht die Wärme, die er sich selber bereitet, gerade für die Tätigkeit des Denkens und Wollens. In ganz subtiler Weise findet eine Differenzierung der Wärme in seinem Organismus statt. Nicht eine gleichmäßige Temperatur herrscht im und am Organismus bzw. in den einzelnen Organen des Menschen. Man beachte nur folgende Wärmeunterschiede, die durch direkte Messungen der Physiologen gefunden wurden. Bei einer mittleren Lufttemperatur von 20 °C beträgt die Hautwärme an der Körperoberfläche unter der gewohnten Bekleidung 34,0 – 34,8 °C. Behaglich fühlt sich der Mensch im allgemeinen bei Temperaturen von 32 – 35 °C Hautwärme. Ohrläppchen und Nasenspitze sind viel kühler (22 – 24 °C). Ebenso ist die Haut über oberflächlichen Knochen und Sehnen kühler als über Muskeln. Auch die Innenwärme des Menschen differenziert sich. Man beurteilt sie zwar nach der Temperatur des Mastdarmes, die im Durchschnitt

36,0 – 37,2 °C beträgt, doch sind einzelne Innenorgane anders temperiert. Im Laufe des Tages schwankt die Körperwärme. Die höchste Temperatur tritt auf zwischen 17 und 20 Uhr nachmittags und die niedrigste zwischen 3 und 6 Uhr morgens.
Unter Beachtung der angeführten Zusammenhänge ist es einleuchtend, daß der Schutz der Leibeswärme von außen eine wichtige Rolle im Leben des Menschen spielen muß. Ihn schützen keine Instinkte mehr wie das Tier, und auch sein »natürliches« Leben ist nicht mehr in der Lage, ihm das zu geben, was er für seine Wärmeorganisation und für das Leben des Ich in dieser Organisation braucht. Er muß es immer wieder aufs neue lernen, aus Erkenntnis seines Wesens und seines Leibes selbstverantwortlich zu handeln und sich entsprechend zu verhalten. Er kann seiner geistigen Aufgabe nicht gerecht werden, wenn er es nicht lernt, die Artung seiner Wesensglieder kennenzulernen, wenn er nicht das Wesen der menschlichen Wärmeorganisation erfaßt, von der sein eigenes Ich im eminentesten Sinn abhängig ist. Der Mensch muß wissen, daß diese Wärme-Ich-Organisation ihre aufmerksame Pflege durch das ganze Leben hindurch braucht und daß die Vernachlässigung dieser Pflege die Voraussetzungen schafft für spätere Krankheiten, auch für späteres Versagen auf dem Schicksalswege. Der Mensch muß durchaus ein verantwortungsvolles Wärmebewußtsein für sich und alle die entwickeln, die ihm anvertraut sind.
Einige Beispiele können so etwas leicht verdeutlichen. Kinder, die mit nackten Knien oder Waden herumlaufen, erkranken später leichter an Blinddarmentzündung, Blasen- oder Eierstocksentzündung. Wenn dem unteren Organismus nicht genügend hüllender Schutz für die Wärme geboten wird – besonders in der Entwicklungszeit –, dann muß das Kind einen wesentlichen Teil seiner Wärme verwenden, um sich gegen von außen andringende Kälte zu wehren, denn nur so kann es sich halbwegs gesund erhalten. Dieser Verlust von Eigenwärme an die Außenwelt geht der Innenentwicklung verloren. Daß derartige Abläufe mehr oder weniger unbewußt bleiben, ist verständlich. Das sich entwickelnde Denken erleidet durch unnötige Einbußen an Wärme Einschränkungen, die dann nicht ausgeglichen werden. Unterentwicklung des Gehirns und mancher anderer Organe ist die Folge. Man verweise nicht auf die »Abhärtung«! Ein Kind kann man heute nur abhärten auf Kosten seiner späteren geistigen Qualitäten; denn lenkt man

Wärmekräfte nach außen – und das ist ja bei jeder Abhärtung der Fall –, dann muß man sie dem Inneren entziehen. Es gibt kein unverbindliches Tun und Geschehen im Menschen und auf der Erde. Jeder Handlung folgt die polare Wirkung – früher oder später. Das gleiche gilt natürlich für jede Verweichlichung, die genau so ungut für die Entwicklung des Kindes ist.

Das Bedürfnis nach äußeren Hüllen unterschiedlicher Art ist eng verbunden mit der Entwicklung der Menschheit, der Menschengruppen und des einzelnen Menschen. Aus diesem Bedürfnis und aus anderen Zusammenhängen heraus, auf die noch eingegangen wird, hat sich unsere *Kleidung* entwickelt. Wie weit sie den notwendigen Forderungen, dem Wesen des Menschen gerecht zu sein, genügt, soll in den weiteren Ausführungen untersucht werden.

Vom Wirken der Hüllen

Alles Werdende in der Welt bedarf der schützenden Hüllen, die das Geistige, das im Werden tätig ist, vor den störenden Einflüssen des Gewordenen und dann Vergehenden so lange beschützen kann, bis es in diesen Regionen bestehen und seine Aufgaben erfüllen kann. Dann aber – so scheint es – vergeht es wieder und taucht unter in den Bereich seiner Herkunft oder seines Urstandes. Der Mensch selber gibt ein gültiges Bild für das Vorgebrachte. Liebe ist es, die zwei Menschen umhüllt, wenn ein neuer Mensch werden will und soll, und im Leiblichen ist es die Wärme der Mutter, ist es ihr Körper, ihr ganzer Blutkreislauf, die Gebärmutter und in dieser noch mehr, was das werdende Leben, das reifende Kind umhüllt, bis es in die Außenwelt hinausstrebt. Ja, das werdende Wesen wirkt selber mit, um sich Hüllen für sein Wesen zu bereiten. Selbst die schöpferische Idee, die noch dumpf in der Seele lebt und im Schweigen des Nachsinnens reift, findet dann in den verschiedensten formenden Hüllen und Stützen ihre Verwirklichung nach außen – sowohl in den Teilen wie im Ganzen.

Das hüllende Umkreisprinzip oder Umkreiswesen ist überall tätig. Es kommt nur darauf an, daß man es suche und finde, um dann ein realeres Verhältnis zu allem Werdenden zu bekommen. In dem gleichen Sinne ist auch unsere Kleidung zu werten, nur muß man da lernen, richtig zu sehen und zu urteilen. Der bewußt nackte Mensch glaubt, die Hülle seiner Kleidung entbehren zu können, und weiß nicht, daß er sich damit einem Umkreis von Naturwirkungen als Hüllen hingibt, die dann in ihm so wirken, daß sein eigenes Geistiges in ihm sich nicht mehr voll in Freiheit entfalten und betätigen kann. Die Hüllennaturen höherer und niederer Ordnung zu suchen und zu erkennen, ist nicht Aufgabe vorliegender Arbeit. Daß solche existieren und wirken, erschließt das einfache Nachdenken; das Eingehen auf sie vermittelt manche Wege zum Erkennen des Menschenwesens und des

Kosmos. Vielerlei Fingerzeige ergeben sich auch aus der Bekleidungskultur der Menschen von der fernen Vergangenheit bis in die Gegenwart, auf die noch eingegangen wird.
Schützt eine Hülle und sondert sie ein Wesen bis zu einem gewissen Grade ab, d. h. isoliert sie es vom Ganzen, so ist gerade der Mensch von allen Wesen am meisten darauf angewiesen, diesen Vorgang durchzumachen und selber zu Ende zu führen. Darauf beruht letztlich sein Hineinwachsen in die Rolle des ichhaften Menschen. Finden wir in der Natur vielerlei Wesen, die von ihr mit ausreichenden, schützenden Hüllen versehen sind, so muß der von den Naturkräften sich emanzipierende Mensch immer wieder darauf bedacht sein, sie sich selber zu schaffen. Gerade in der Abwehr nach außen gegen Natur und Umwelt erkraftet sich und reift der Mensch. In dem Maße, wie er die physischen, lebendigen und geistigen Kräfte kennt oder kennenlernt, vermag er zu durchschauen, *was* in ihn hineinwirkt und *wie* es wirkt. Kenntnis aller Zusammenhänge, denen das Material seiner mehr oder weniger künstlichen Hüllen unterliegt, verschafft ihm erst die Möglichkeit, sich als freies geistiges Wesen zu entfalten. Immer wieder gehört in diesen Bereich die Tatsache, daß Hüllen auch als solche ihre besondere Wirkung ausüben, denn jedes Ding ist wieder von Geistigem durchströmt und für bestimmtes Geistiges durchlässig. Wir kennen es im Physischen von den Farben. Rot ist durchlässig für rot und so auch die anderen Farben. Ob die Eigenart eines Tiger- oder Leopardenfells ganz unwirksam für den Träger desselben ist, soll hier offengelassen bleiben.

Die Aufgaben menschlicher Kleidung

Der Charakter des Menschen als Wärme-Ich-Wesen bringt es mit sich, daß er im Ablauf seiner physiologischen Vorgänge dieser Tatsache Rechnung tragen muß, wenn seine Gesundheit und sein seelisch-geistiges Leben – soweit es sein Schicksal zuläßt – harmonisch gewährleistet sein sollen. In allem, was hier bisher über diese Tatsachen und über die Wirksamkeit von Hüllen und Bekleidung ausgeführt wurde, spiegelt sich diese Eigenart des Menschen. Seine Kleidung sollte darauf eingerichtet sein, daß er seine spezifische Eigenwärme entwickeln kann, daß sie seinen Wärmeorganismus sowohl gegen Wärmeverluste wie auch gegen Wärmeeinwirkung und -stauung schützen kann. Sie muß ermöglichen, daß die Haut, die Körperoberfläche in genügender Weise belüftet wird und daß die in feine Dämpfe übergehende Schweißabsonderung sich verteilen kann. Die Kleidung kann dem Menschen diese Grundtätigkeiten nicht abnehmen, sie muß aber so geartet sein, daß sie seine Funktionen nicht stört oder behindert, denn davon hängt das Wohlbefinden des Menschen weitgehend ab. Auch seine Leistungsfähigkeit und Wachheit, wie das menschliche Ich seine Erdenaufgabe lösen kann, ist mit dem störungsfreien Ablauf dieser und anderer Funktionen eng verknüpft, da sie wiederum auf manche Organtätigkeiten entscheidend einwirken. Man kann sich sehr gut vorstellen, daß z. B. Stoffe, die sehr viel Wasser in sich aufsaugen und dieses dann verdunsten, weniger die Wärme zu halten vermögen als wasserabweisende.

Selbstverständlich haben sich viele Forscher Gedanken über geeignete Kleidung gemacht. Sie haben gemäß modernem Denken und Vorstellen von der menschlichen Physiologie die Notwendigkeiten der Kleidung erforscht, nachdem frühere Instinktsicherheiten vollkommen erloschen waren. Es sei hier an Gustav Jäger erinnert, der die *Wolle* zu einem »Wollsystem« menschlicher Bekleidung entwickelte. Lahmann brachte die Baumwolle in ein überbewertetes »Reform-Baumwoll-System«. Vor ihnen hatte der Engländer Rumford bereits Ende des 18. Jahrhunderts Untersuchungen durchgeführt, wie groß die Wasserdampfmenge ist, die Baumwolle, Leinen, Schafwolle und Seide aufzunehmen vermögen. Forscher des 20. Jahrhunderts haben auf Grund ihrer Anschauungen vom Menschen mit anderen Methoden bekleidungsphysiologische Untersuchungen durchgeführt, über deren Ergebnisse hier kurz berichtet werden soll.

Es ist bekannt, daß der Mensch auf Grund seiner Stoffwechselvorgänge, zu denen Atmung, Transpiration und Ernährung gehören, eine bestimmte »Menge« von Wärme produziert. Bei Bewegungen und sich steigernder, körperlicher Tätigkeit vermehrt er diese Wärmebildung um ein Vielfaches. Entscheidend für die physiologische Harmonie des Menschen – darauf wurde schon hingewiesen – ist hier die Aufrechterhaltung der Innentemperatur um 37 °C. In dieser menschengemäßen Innenwärme mit ihren organspezifischen Abwandlungen können die Stoffwechselabläufe am günstigsten für das menschliche Bewußtsein vor sich gehen. Die innere Bluttemperatur, die von dem gesunden Eingreifen der Ichorganisation abhängt, wird dann von der Hypothalamus-Region im Gehirn gelenkt. Das geht so weit, daß zu den schon erwähnten äußeren Hüllen diese organismuseigene Wärmeregulation in der Haut derart eine isolierende Hülle um ihn legen kann, daß sie – um Temperaturschwankungen auszugleichen – im Verengen und Erweitern der peripheren Blutgefäße ihn gewissermaßen wie in ein wärmendes »Kleidungsstück« einhüllt.

Der Mensch, bzw. die erwähnten Organisationen in ihm können bei Überhitzung durch Verdunsten von Schweiß Wärme abgeben. Sein Körper enthält im Sinne der Physiologie 5 l Flüssigkeiten, die ständig zirkulieren, wobei nicht vergessen werden darf, daß der gesamte Organismus zu über 80 Prozent flüssiger Natur ist. Er kann bei dauernder Arbeit pro Stunde 1 l Schweiß abgeben, im Notfall sogar mehr. Diese Schweißabsonderungen müssen auf der Haut verdunstet werden, damit die Abkühlung dadurch erreicht wird. Ist das nicht möglich – etwa durch ungünstige Kleidung und durch Wärmestauung –, dann erfolgt die Katastrophe. Der Kreislauf, der die damit verbundenen Anstrengungen bewältigen muß, bricht zusammen.

Ebenso kann der Mensch bei Kälteeinwirkungen von außen durch Steigerung der inneren Stoffwechselvorgänge, die durch Spannungsvorgänge in der Muskulatur zustande kommen, und durch heftiges Zittern die Körpertemperatur eine Zeitlang bewahren. Diese Reflextätigkeiten erlahmen bekanntlich im Alkoholrausch. Deshalb erfrieren dann Betrunkene so leicht im Freien.

Es ist ohne weiteres klar, daß derartige extreme Anforderungen an die Wärmeregulation die Systeme auf verschiedenen Gebieten stark beanspruchen. Beim Schwitzen müssen die Flüssigkeitsmengen aus dem Kreislauf abgegeben und dann auch wieder aufgenommen werden. Die angefachte innere Wärmesteigerung bei Frost setzt eine vermehrte Atem-, Kreislauf- und Herztätigkeit voraus. Nur stabile gesunde Kreislauforganisationen vermögen all diesen Ansprüchen ohne Schaden zu genügen.

Haben wir in den geschilderten Beispielen Erscheinungen am Menschen vor uns, die in ähnlicher Art als Klimasituationen auf der Erde walten, so spricht man auch von einem »Klima« in der Kleidung. Diese ist auf der heutigen Entwicklungsstufe des Menschen eigentlich das Element oder sollte es wenigstens sein, das es ermöglicht, ein Wärme-Gleichgewicht an der Peripherie des Menschen zu gewährleisten. Dieses Gleichgewicht in der peripheren Wärmeregulation macht für den Menschen Kräfte frei, die er für freies, inneres, geistiges Arbeiten zur Verfügung haben kann, wenn dem auch die Ernährung entspricht. Die Bekleidungsforschung hat da ein philiströses Wort eingeführt. Sie spricht von dem »behaglichen Wärmezustand«. Wenn dieses Wort auch wohl die Wirklichkeit ausspricht, so ist damit zumeist etwas zur Inaktivität Neigendes verbunden. Das geht sogar so weit, daß der Stoffwechsel auf ein stark reduziertes Maß herabgedrückt wird. Immerhin bleibt als Tatsache, daß bei Arbeitssteigerung wiederum auch eine Wärmesteigerung einsetzt. Dann liegt der »behagliche Wärmezustand« allerdings temperaturmäßig niedriger als bei leichter oder keiner Arbeit. In der Ruhe soll er unter der Kleidung etwa 30 °C betragen und fällt ab bei vermehrter Arbeit.

Abgesehen davon, daß in diesen Wärmeverhältnissen immer ein individuelles Moment eine bedeutende Rolle spielt, so ist bei der »Behaglichkeit« derselben sowohl die Luftfeuchtigkeit im Umkreis noch von großer Bedeutung wie jene im Kleidungsklima, d. h. unter der Kleidung. Je feuchter die umgebende Luft ist, um so weniger wird der Körper verdunsten. Bei großer Lufttrockenheit wird mehr verdunstet.

Dann tritt auch mehr Durst auf. Darüber hinaus spielt auch die Luft-Bewegung keine zu unterschätzende Rolle. Es ist bekannt, daß bei geringen Windgeschwindigkeiten Kinder wie Erwachsene sich bei zu leichter Bekleidung schnell erkälten können. Das heißt, eine entsprechend isolierende Bekleidung ist gerade bei diesen minimalen Luftschwankungen unbedingt erforderlich.

Wie weit den dargestellten Anforderungen die zur Verfügung stehenden Rohstoffe genügen können, läßt sich aus der eingehenden Kenntnis derselben ermitteln. Als Beurteilungsgrundlagen sind für die heutigen Menschen zu erfassen: äußere Klimalage, Aufgaben- und Lebensbereich des Menschen, vor allem die individuellen Bedürfnisse sowie die Angebote aus der Textilwelt. Innerhalb dieser Bereiche bleiben immer eine Anzahl Unsicherheitsfaktoren, die hinsichtlich des Begriffes »einwandfreie Bekleidung« manches zu wünschen übrig lassen.

Entwicklung der Kleidung

Eine kontinuierliche Geschichte der Bekleidung gibt es nicht. Was dem Historiker aus früheren Menschenkulturen geblieben ist, sind Bildwerke, mehr oder weniger »bekleidete« Götter- und Menschendarstellungen. Dann gibt es manche Hinweise durch die Funde in Gräbern wie z. B. Mumien, die aber alle kaum eine zusammenhängende Bekleidungshistorie vermitteln. Man kann nur als charakteristisch finden, daß der Mensch sich einmal so darlebte, wie ihn die Natur geschaffen hat; dort wo ein Umhüllungsdrang auftrat, lebte sich dieser in den Richtungen aus, wie sie ihm durch die Art seiner Inkarnation aufgeprägt schien, denn von der sich inkarnierenden, geistigen Seite seines Wesens hatte der frühere Mensch noch ein deutliches Bewußtsein. Das bedeutete, er schmückte seinen nackten Leib, er umhüllte ihn in anderen Klimaregionen ebenfalls im Hinblick auf seine höheren geistigen Wesensglieder, oder aber er mußte der Notwendigkeit folgen, daß ihm die physischen Erdenkräfte eine Schutzhülle aufzwangen. So gab das Klimatische immer den Ton an. Im Norden überwiegen die Erdenkräfte in den zusammenziehenden Kälteerscheinungen, im Süden die lockernden, verflüchtigenden Kräfte von Licht und Wärme. Diesen Polaritäten des Zusammenballens und Ausspreizens entsprach anscheinend schließlich auch das jeweilige Geistesleben der Menschen. Die Bekleidung derjenigen, die ein solches Geistesleben zu pflegen hatten, die Ornate der Priester, drückten am deutlichsten aus, was die Menschen für Vorstellungen von ihren übersinnlichen Wesensgliedern hatten. Derartige Tatsachen spiegeln sich noch heute in ihren Amtskleidern.

Wie die Erdkräfte der Pflanze die Aufgliederung in ihr anspruchslos aussehendes Wurzelwerk abfordern und ihr in diesem Bereiche wenig von den Möglichkeiten lassen, die sie dann in Licht, Luft und Wärme entfalten kann, so spiegelt sich in der Männerkleidung auch vorwiegend das, was anscheinend durch das überwiegende Wirken der Erdenkräfte veranlaßt wird. Die Kleidung ist mit geringen Ausnahmen seit Jahrhunderten mehr eine Zweckkleidung geworden, die dem Wirken des Mannes – seinem Erdendenken und Gliederbetätigen – angepaßt erscheint. Die Frau ist ihm heute darin weitgehend gefolgt.

Ein von Grund auf verständnisvolles Verhältnis zur Bekleidung des Menschen wird man nur finden können, wenn man erkennt, daß der Mensch sich nicht allein in einem äußerlich wahrnehmbaren Körper darlebt. Man wird erkennen müssen, daß diesem äußerlich sichtbaren, geformten Leibe Organisationen zugrundeliegen und innewohnen, die mit Sinnesorganen zwar nicht ohne weiteres wahrnehmbar sind, die aber doch erst die Veranlasser der äußeren Formen sind. In dem konturierten Leibe wirken eine Lebensorganisation, eine Seelenorganisation und eine Ich-Organisation, solange er im Wachen vor uns steht. Diese Wesensglieder, die nur einer geschulteren Seelenaufmerkamkeit sich offenbaren, wirken nach ihren eigenen geistigen Gesetzen und äußern sich entsprechend. Mit ihren eigenen Bedingungen zwingen sie auch die physischen Gesetzmäßigkeiten in ihren Dienst und in ihre Abhängigkeit. Ihre Wirksamkeiten harmonieren im gesunden Zustande so miteinander, daß sie dem oberflächlichen Wahrnehmen wie eine Einheit erscheinen. Auf diese Gliederung des Menschen weist die Geisteswissenschaft Rudolf Steiners hin. In seinem Werke wird man vielfache Anregungen finden, um das Menschenwesen sowohl in seiner individuellen Entwicklung wie aus seiner umfassenden Gesamtevolution begreifen zu lernen. Dort findet man ebenso die Wege angegeben, wie die eigenen Fähigkeiten erweitert werden können, um mit gereiften Seelenblicken auch über die Sinnesgrenzen hinaus in das forschend eindringen zu können, was scheinbar eine äußere Einheit ist.

Man wird dann erkennen, daß das Feste im menschlichen Leibe unter ganz bestimmten Bedingungen physischen Gesetzen unterliegt, daß das Flüssige als Träger der Lebensorganisation in anderer Weise geistig bestimmt wird und seine Funktionen ausübt und wie das, was als atmender Luftorganismus den gesamten Leib durchströmt, dem Seelenorganismus die Einwirkungsmöglichkeiten in das Physisch-Lebendige vermittelt. Schließlich ist die Wärmeorganisation, die hier schon mehrfach erwähnt wurde, die Voraussetzung für die aktive, bestimmende Anwesenheit des Ich im Leibe.

Mit den physischen Substraten der menschlichen Wesensglieder – mit dem Festen, Flüssigen, Luftförmigen und Wärmehaften – haben wir es ständig zu tun, wenn Probleme der Kleidung, der Stoffe und der Fasern erörtert werden.

Kann man die oben kurz angedeuteten menschenkundlichen Grundlagen akzeptieren und sich zu eigen machen, dann erschließen sich auch Einblicke in die Anfänge einer den Menschen ausdrückenden, ihn umhüllenden und schmückenden Kleidung, die je nach seiner Entwicklungsstufe aus oft ganz unterschiedlichen Regionen heraus beeinflußt wird.

Wo derartige Wesenserkenntnisse nicht leitend sind, greift der Bekleidungsforscher in spekulativer Weise zu psychologisierenden, psychoanalytischen Methoden, um die Erscheinungen der Bekleidungsvorgänge in Vergangenheit und Gegenwart dem Verständnis näher zu bringen. Dabei erfaßt er vielleicht manche oberflächliche moderne Erscheinungen, aber niemals den Grundcharakter in ihrer Entwicklung. Zudem werden aus der gegenwärtigen materialistischen Wissenschaftsströmung abwegige intellektuelle Kombinationen über Vorgänge gestülpt, die oft ganz anders in der Evolution darinnen stehen. Der häufigste Irrtum ist wohl jener, daß man die Menschenvorfahren in ihrem Empfinden, Denken, Fühlen und Wollen immer ähnlich geartet auffaßt, wie man den Gegenwartsmenschen erlebt oder zu erleben glaubt. Daß schon vor relativ wenigen Jahrhunderten ganz andere Verhältnisse der genannten menschlichen Wesensglieder zueinander bestanden, vermag man nicht zu erkennen und gibt sich dabei illusionären Vorstellungen hin.

Unter Hinweis auf das, was in der Einleitung aus der geisteswissenschaftlichen Forschung über die allerersten Anfänge der Kleidung ausgeführt wurde, kann man heute sagen, daß das Bekleidungsbedürfnis aus unterschiedlichen Motiven hervorgegangen ist. Zum Teil wurde es den Menschen im Laufe ihrer Entwicklung von außen aufgezwungen, wo Schutz erforderlich war; zum anderen, wo andersartige Umweltverhältnisse nicht zwingend waren, kam es stärker aus dem seelischen Erleben des Menschen. In der Forschung wird auf die zwei Erscheinungen der Schutz- und Schmuckkleidung verwiesen. Klimatische Verhältnisse sind zum einen die Veranlassungen, klimatische Verhältnisse sind in dem anderen Falle auch die Voraussetzungen. Wo Wind, Wetter, Regen und Kälte im Klima eine bedeutende Rolle spielten, mußte der menschliche Leib mit seinen Wesensgliedern geschützt werden, um überhaupt das menschliche Erdenziel zu erreichen, d. h. um die Inkarnation so durchführen zu können, daß das Ich sich in einer Wärmeorganisation entwickeln und halten konnte.

Nicht zu vergessen ist, daß manche Völkerschaften zu diesem Zwecke auch wichtige Abhärtungsriten über ihre Jugend ergehen ließen. Damit erst wurde es möglich, daß bestimmte Seelenqualitäten sich entfalten konnten. Das Geistesleben entwickelte sich bei den mehr polwärts lebenden Menschen anscheinend sehr viel langsamer und anders als bei jenen, die in wärmeren oder heißen Zonen lebten, die wiederum weniger Schutz vor Kälte brauchten und mehr ihr sogenanntes »Schmuckbedürfnis« auslebten. Auch dieser Begriff ist den wirklichen Vorgängen abstrakt von außen aufgeprägt worden; denn dieses Schmuckbedürfnis ist in der Entwicklung früherer Menschengruppen und der ihrer degenerierten Nachkömmlinge tief begründet. Was der intellektuelle Beobachter als »Schmuck« auffaßt, war eigentlich das Bedürfnis – wie Rudolf Steiner es darstellte –, auf ihrer Haut das auszudrücken, was sie von der Artung ihres Seelenorganismus erlebten. Die Bemalung und Färbung der Haut war immer ein Ausdruck ihres gruppenhaft entwickelten Seelenorganismus, denn dieser wurde als farbig empfunden. Dieser Ausdruck war auch nicht willkürlich, sondern stammesgebunden und stufte sich nur nach dem Grade der Seelenentwicklung innerhalb eines Stammes oder einer Gruppe ab. Das heißt, der Häuptling, der Priester, der Krieger hatten andere Bemalungen, Farbkompositionen und Narbenanordnungen auf der Haut als die Profanen.

Äquator- und Pol-Nähe bieten die Extreme der Bekleidungserscheinungen unter den Menschen, aber auch die Äquatornähe ist keineswegs immer charakterisiert durch Nacktheit, die nur von Farben und Hautnarben modifiziert wird. Man denke an die Bekleidungsart z. B in Indien und anderen warmen Ländern, wobei selbstverständlich zu beachten ist, daß auch dortige Kleidungsgewohnheiten keine ursprünglichen Zustände mehr widerspiegeln. Geistgetragene uralte Kultur hat modifizierend im Laufe von Jahrtausenden eingegriffen; denn auch das Kastenwesen ist schließlich der Ausdruck seelisch-geistiger Entwicklungen, die nicht an die irdischen Lebensgrenzen gebunden waren. So gab es dort immer mehr oder weniger nackte Menschen, die höchstens einen Lendenschurz trugen. Die üblichen lockeren Umhüllungen waren immer der Ausdruck für den nichtsinnlichen Teil des Menschenwesens.

Einige Beispiele aus den Kulturbereichen, die dem Mitteleuropäer näher stehen, mögen noch illustrieren, was sich von den menschlichen Wesensgliedern in der Art der Bekleidungsgewohnheiten ausdrückt. Das griechische Obergewand – *Himation* – bestand aus einem großen rechteckigen Umschlagetuch, mit dem außer dem Rumpf die rechte Körperseite so umhüllt wurde, daß rechte Schulter, Arm und Hand verhüllt blieben. Auch das wurde wieder nur von bestimmten Menschen getragen; denn im allgemeinen ließ man den rechten Arm und die Hand frei. Die Frauen verhüllten mit dem Himation gleichzeitig kapuzenartig den Kopf. – Die römische *Toga* – das Gewand der freien Römer – war ebenfalls ein Umschlagetuch von 4 m Länge und 2,5 m Breite. Man nahm den linken oberen Zipfel des rechteckigen Tuches über die linke Schulter von hinten nach vorn, zog dann den anderen weit längeren Zipfel unter dem hier frei bleibenden *rechten* Arm durch und warf ihn dann um den Körper schräg nach links aufwärts über die *linke* Schulter, die dadurch doppelt umhüllt wurde. Die Toga war aus weißer Wolle (toga alba). Nur das gemeine Volk trug eine dunkle Toga und bei Trauer eine schwarze. Eine Toga mit Purpursaum (toga praetexta) trugen die höheren Priester und Magistratsleiter. Bis zu ihrer Mannbarkeit trugen Knaben eine gleichartige Toga. – Mit dem 4. nachchristlichen Jahrhundert verschwand die Toga als Kleidungsstück.

Noch frühere Bekleidungsformen in früheren Kulturen wie Babylon, Ägypten usw. hatten oft die Besonderheit, daß die unteren Gliedmaßen vollkommen verhüllt blieben, was sich durch sehr lange Zeiten hindurch fortsetzte – immer mit Ausnahme der Sklaven, die schwere Arbeit verrichteten.

In griechischen Plastiken haben wir noch mancherlei Darstellungen, wie die Schönheit der Frauen durch die anmutig wallenden Faltengewänder über die rein physische Darstellung hinausgehoben wurde. Der schöne Faltenfall in lebendiger Bewegung zeigt noch dem heutigen Menschen, wie der Grieche darin seinen eigenen Lebensorganismus erlebte, der durch Faltenfall und -prägung das Einwirken des Seelenorganismus zum Ausdruck brachte. In jener Zeit kam es nicht auf die

nackte Darstellung mechanisch-physischer Gliedmaßenbewegungen an. Der Künstler erlebte die menschliche Lebensorganisation noch real in ihrem fließend-wogenden, durchseelten Durchströmen der menschlichen Gestalt, und das stellte er in seinen Kunstwerken dar.
Betrachten wir Kunstwerke mittelalterlicher Maler und Schnitzer, so finden wir auch dort häufig ähnliche Spuren der durch das Seelische geprägten, fließenden Lebensorganisation in den dargestellten Gewändern der Maria und mancher Heiliger bis in die unterschiedlichen Farbgebungen. Das war Erleben der Vergangenheit. In der Gegenwart wird diese Erlebnismöglichkeit neu geweckt, wenn in der Kunst-Eurythmie, in den dazugehörigen Gewandungen und Schleiern, Sprache ausdrückende Bewegungen vor dem Zuschauer über die Bühne gleiten.
Mit diesen Beispielen sollte darauf hingewiesen werden, wie die Bekleidung etwas von dem zum Ausdruck bringen kann, was innerhalb des Menschen ständig strömend lebt, von dem Flüssigkeitsorganismus, der eben der Träger der Lebensorganisation ist, die wiederum vom Seelischen impulsiert wird. Wo und wann immer in späteren Bekleidungsgewohnheiten der Frauen die locker wallende Gewandung auftrat, da war auch stets die Anmut wieder offensichtlicher, die Frauen eigen ist. Anmut ist fraglos ein Attribut des durchseelten Lebensorganismus.
Hier ist es vielleicht angebracht, auf eine Besonderheit menschlicher Kleidung hinzuweisen. Der *Gürtel* war in früheren Zeiten – nach Rudolf Steiner – eine äußere Offenbarung dafür, daß der Mensch sich von allen Lebewesen dadurch unterscheidet, daß er einen mittleren rhythmischen Organismus besitzt, der sich durch ein *Zwerchfell* von dem Stoffwechselorganismus absetzt. Der frühere Gürtel diente keineswegs zum Tragen von Kleidungsstücken. Sie wurden zumeist von den Schultern getragen.
Entsprechend der Gegenwartssituation verfolgt die Bekleidungsphysiologie heute vollkommen andere Gesichtspunkte als frühere Bekleidungsbräuche und -instinkte.
Mit der locker umhüllenden, weiblichen Bekleidung drückte sich von jeher die Tatsache aus, daß die Frau in der Art ihrer Inkarnation nicht so weit zur Erde, in den Bereich vorwaltender Erdkräfte herabgestiegen ist wie der Mann. Das »Aufgliedern«, das Herausstellen der reinen

oder nackten mechanischen Gliederbewegung war und ist mehr Eigenart des Mannes. Erst mit Beginn des Maschinenzeitalters steigt auch die Frau weiter zur Erde herab, demonstriert ähnliche Bewegungsarten wie der Mann und paßt ihre Kleidung dieser modernen Errungenschaft an.

Bekleidungsphysiologische Betrachtungen

Eine moderne Bekleidungsphysiologie bedient sich für ihre Untersuchungen rein physikalischer Methoden, die ihr Resultate zur Beurteilung vermitteln, die im Bereiche des Meßbaren bleiben. Damit verhält sie sich durchaus nach Richtlinien, wie sie heute für »Wissenschaftlichkeit« gültig sind. Wo sie aber über solche hinausgeht und beispielsweise von »Behaglichkeit« spricht, die nicht wäg- und meßbar ist, entlehnt sie diese Urteile schon einem Bereich, der im Sinne moderner Wissenschaftlichkeit kaum noch wissenschaftlich ist. In dem materialistischen Weltbild haben Begriffe, die über das Meß- und Wägbare hinausgehen, kaum eine Existenzberechtigung. Begriffe wie z. B. »Leben«, »Werden« und ähnliche stammen aus Bereichen, die mit den Mitteln und Denkvorgängen der Naturwissenschaften nicht erforschbar sind, deshalb darf man von dort darüber keine Antworten erwarten. Man darf sie auch dort nicht erwarten, wo Fragen wie die der Kleidung in solche Gebiete eintauchen oder sich damit berühren.

Um die »physiologischen Aufgaben der Kleidung« im Sinne einer Bekleidungsphysiologie herauszustellen, fixiert J. Mecheels sie auf die Funktion »der Unterstützung der Temperaturvorgänge des Körpers«. Er fordert in diesem Sinne von der Kleidung:

»1. Sie muß den Körper bei tieferen Außentemperaturen in dosiertem Maße gegen Wärmeverluste schützen.
2. Eine Abfuhr des vom Körper gebildeten Schweißes muß möglich sein.
3. Die Kleidung muß eine ausreichende Belüftungsmöglichkeit für die Körperoberfläche geben.«

Damit wird fraglos der Schutzcharakter einer Kleidung schon zum Teil umrissen, soweit sie im sinnlich erfaßbaren Bereich des Physischen eine Aufgabe hat und ihre Wirkung dort feststellbar ist. Die herausgestellten drei Punkte vermitteln einer Meßtechnik manche Anhaltspunkte, die man bereits verwendete, um aus den Rohstoffen nach diesen Daten Textilien zu »konstruieren«.

J. Mecheels schreibt zu der ersten von ihm charakterisierten Forderung, daß das Vermögen der Kleidung, Wärme zurückzuhalten, »in erster Linie abhängig von der Dicke der von der Kleidung um den Körper gelegten, ruhenden Luftschicht« sei. Das Verhalten des unterschiedlichen Fasermaterials an sich bezeichnet er als »gleich«, d. h. er meint, man könne nicht von vornherein sagen, Wolle sei etwa warm oder Leinen kalt, sondern »die landläufig bekannten Unterschiede beruhen vielmehr auf der verschiedenen Verarbeitung zu Geweben bzw. Gewirken, deren Poren mehr oder weniger Luft festhalten«.
Hinsichtlich des Materials – Wolle, Leinen, Baumwolle, Seide oder Kunststoffe – hat er fraglos *nur* dann recht, wenn diese Textilien beispielsweise in einem Raume bei irgendeiner Temperatur vor uns liegen – sagen wir bei 20 °C –; dann werden sie bei einer Messung auch nichts anderes als die Umwelttemperatur von 20 °C ergeben. Das ist ein ganz äußerlicher Gesichtspunkt. Er berücksichtigt keineswegs die Funktionsbreite der Rohstoffe, die durch ihre Herkunft gegeben ist und in Tätigkeit tritt, wenn sie am warmen Körper des Menschen als Kleidung fungieren. Der Flachs, die Pflanze des Leinens, ist von Herkunft und Natur kalt. Das Schaf, das uns seine Haare opfert, und andere Wollespender sind Wärmewesen. Aus ihrem Wärmewesen und Eiweißorganismus gehen die begehrten Eiweißfasern hervor. Ihre Wolle ermöglicht auf Grund ihrer Herkunft ein anderes Wärmeleben um den Menschen als etwa das Leinen, ganz abgesehen davon, daß die Wollfaser durch ihre Natur zum Luftträger wird.
Daß an der »Wärmeisolation« außer den Kleidungsschichten besonders die lufthaltigen Zwischenräume zwischen den getragenen Unter- und Oberkleidern und dem Körper einen wesentlichen Anteil haben, ist bekannt. Der Begriff »Wärmeisolation« berücksichtigt dabei nur die rein physikalische Seite der Situation und nicht die Wirklichkeit eines aktiv tätigen Wärmeorganismus, wie er oben dargestellt wurde, einer Organisation, die ihren »Lebensbereich« bis in die Kleidung hineinerstreckt oder aber auf Grund der Stoffart vielleicht nicht hineinerstrecken kann.
J. M. meint dann weiter: »In geringerem Maße hängt das Wärmeisolationsvermögen der Kleidung allerdings vom Fasermaterial ab, da infolge der insensiblen Perspiration immer durch Kondensation bzw. Wiederverdampfung unterschiedliche Wärmetransporteffekte auftreten

Ein Schaf wird geschoren. Wie ein Mantel fällt das Vlies als Ganzes ab. Foto: Süddeutscher Verl

Vordere Seite:

Zuchtböcke in Australien. Foto: Internationales Wollsekretar

riesigen Ballen wird die Wolle zum Verkauf ausgestellt. Foto: Horst v. Irmer, München

▲
Die vorbereitete Wolle wird der Spinnmaschine zugeführt.

Foto: Internationales Wollsekretariat

Unter dem Mikroskop zeigen die Wollfäden ihre schuppenartige Struktur, die die Wolle so elastisch macht und bewirkt, daß das Wasser glatt abläuft. ▶

Foto: Internationales Wollsekretariat

können.« Auch in dieser Bemerkung spiegelt sich eine Auffassung, die der Wärme und der Durchatmung an der Körperperipherie keine Organaktivität in Verbindung mit dem Körper zubilligt, sondern nur physisch-physikalische Qualitäten.

Das Schweißproblem bzw. »das Feuchtetransportvermögen« innerhalb der Kleidung erscheint dem Autor (siehe Punkt 2) viel schwerwiegender; denn die Textilfasern nehmen bekanntlich nicht alle in gleicher Weise Wasser auf. Der Schweiß, dessen eine wesentliche Funktion im Dienste einer Wärmeableitung zu stehen scheint (es ist nicht die einzige), kann in dieser Richtung nur wirksam werden, wenn er nach der Absonderung aus der Haut ohne Umstände verdunsten kann; sonst ergibt sich unter der Kleidung eine feucht-warme Dunstkammer und im Körper eine ungesunde Wärmestauung. Die Fortleitung der Feuchtigkeit in der Kleidung hängt wesentlich von den feinen Zwischenräumen oder »Kapillaren« im Gewebe ab. Sie entstehen durch die Techniken des Spinnens, Webens oder Wirkens und der Verarbeitung. Daß auch die Eigenart der Textilfaser dabei eine wichtige, oft ausschlaggebende Rolle spielt, ist bekannt. *Wolle* z. B. ist im Gegensatz zu den Polyamid-, Polyacrinitril- und Polyesterfasern leicht benetzbar, d. h. sie vermag relativ viel Feuchtigkeit zu absorbieren, ohne daß der Träger es spürt und dadurch belästigt wird.

Der von der Haut abgesonderte Schweiß wird durch die Kleidung so aufgesaugt, daß er – wenn er verdunstet – sich auch zum Teil wieder in der Kleidung, in den Fasern oder in den feinen Gewebezwischenräumen, an den Oberflächen der Kapillaren niederschlägt, um von dort aus wiederum verdunstet zu werden.

Die Haut atmet. Von der Hautatmung hängt die Gesundheit des Menschen wesentlich ab. Was in diesen Atemvorgängen an der Körperperipherie vor sich geht, wie z. B. die Kohlensäurebildung, muß fortgeleitet werden. Die Hautabscheidungen in der Hautatemluft, in dem Schweiß dürfen von der Haut nicht wieder aufgesogen werden, was bei ungeeigneter Kleidung geschieht. So ist die »Belüftung der Körperoberfläche« (siehe Punkt 3) durch geeignete Kleidungsstoffe auch ein wesentlicher Faktor für die Wärmeregulation. Sie macht dem Bekleidungsphysiologen offensichtlich die geringste Sorge. Man wird verstehen können, daß sie in überwiegendem Maße von dem Verhalten des Menschen selber abhängt. Die Durchlüftung erfolgt unter Vermittlung der Körperbewegungen und der Körperwärme. Die Bewegungen verändern ständig die kleinen und kleinsten Zwischenräume in der Kleidung und in ihren Stoffen. Es entsteht ein saugender Luftstrom von außen nach innen und von innen nach außen. Die Körperwärme erwärmt dabei die Luft in Hautnähe in immer unterschiedlichem Maße und erzeugt dadurch auch ein Luftdurchströmen der Kleidung mit direktem, ständigem Luftaustausch an der Haut selbst – vorausgesetzt, daß die Art der Bekleidung und ihre Stoffe das ungestört gewährleisten. So erfolgt durch die Lufträume der Kleidung ständig ein Herein- und Herauspumpen von Luft. Dadurch wird zugleich die Verdunstung des Schweißes gewährleistet und ein nicht zu unterschätzender Einfluß auf die Zirkulation, auf den Kreislauf ausgeübt.

Für denjenigen, der den Menschen nach seinen differenzierten vier Wesensgliedern zu erfassen in der Lage ist, dürfte es klar sein, daß in den abgehandelten drei Aufgaben, welche die Kleidung zu erfüllen hat, die Außenseite des physischen Leibes, die Äußerungen der Lebensorganisation, des Seelenorganismus und der Ich-Organisation angesprochen sind. Wer die Äußerungen dieser Organisationen verständnisvoll wahrnimmt, muß damit notwendig eben diese Organisationen voraussetzen und im Wärmehaften, im Luftigen, im Feuchtflüssigen und in ihren gegenseitigen Durchdringungen zu erkennen suchen.

Rohstoffe der menschlichen Kleidung

Von jeher haben die Menschen die Rohstoffe für ihre Kleidung aus dem Pflanzen- und Tierreich genommen und nehmen müssen. Je näher sie am Äquator lebten, desto mehr spielten Pflanzenfasern eine Rolle in der Stoffbereitung, und je weiter zum Pol hin sie wohnten, desto mehr war es die Tierwelt, die ihnen zur Kleidung verhalf. Diese Regel ist jedoch nicht allgemein gültig; wie die Berichte aus der Bibel bezeugen, spielte die Wolle eine bedeutende Rolle im Leben der damaligen Völker. Erst in jüngster Zeit traten sogenannte »Kunstfasern« in Konkurrenz zu den Naturfasern. Man spricht in der Fachwelt von Zellulosefasern, wenn man das Rohmaterial der Pflanzenwelt meint, wobei man sich klar sein muß, daß sie auch in der Herstellung bestimmter künstlicher Fasern mit verwendet werden. Im Gegensatz zu den Tierrohprodukten besteht Zellulose nicht aus Eiweiß. In ihr spielen als Grundstoffe Kohlenstoff, Wasserstoff und Sauerstoff die Hauptrolle. Auf viele chemische Einzelheiten wird hier nicht näher eingegangen; doch auf besondere Qualitätsaspekte soll aufmerksam gemacht werden (siehe auch die Anmerkungen S. 77/78).
Als natürliche Zellulosefaserlieferanten dienen die »Samenfasern« der Baumwolle, vom Kapokbaum, Bastfasern vom Flachs (Lein), Hanf, Ramiefasern und Jute. Kunstseide und Zellwolle sind künstliche – sogenannte »regenerierte« – Zellulosefasern. Naßfestigkeit, Scheuerfestigkeit und Trockenfestigkeit sind bei den natürlichen Fasern besser als bei den künstlichen Zellulosefasern. Am Rande sei bemerkt, daß es auch anorganische Fasern gibt wie Glasfasern, Asbestfasern und Metallfasern, die verwoben werden können.
Den pflanzlichen Zellulosefasern stehen gegenüber die Eiweißfasern (Proteinfasern) aus dem Tierreich. Diese natürlichen Eiweißfasern liegen als Wollen, Haare und Seide für die Verarbeitung zu Textilien vor. Man kennt auch künstliche, sogenannte »regenerierte« Eiweißfasern, die aus Kasein, Zein und Erdnußeiweiß hergestellt werden.

Wolle

Hier interessiert vor allem die *Schafwolle*. Das Schaf als Haustier ist seit Jahrtausenden bekannt. Als älteste Urkunde berichtet die Genesis von Schafen und Ziegen, die den Menschen vom Beginn einer Tierhaltung und Tierzucht an begleiten. Was an gezähmten und gezüchteten Schafen existiert, stammt von drei verschiedenen Stammformen ab, die in Asien, Afrika und Südeuropa zuhause waren.

In der Bibel spielt das Schaf eine große Rolle. Es war eigentlich die Hauptquelle des Wohlstandes der Israeliten. Auch in den Nachbarländern, z. B. im Lande der Moabiter, wurde einträgliche Schafzucht getrieben, mußten diese doch dem König von Israel alljährlich die Wolle von 120 000 Lämmern und ebenso vielen Widdern als Tribut bringen. So ist es wohl verständlich, daß die dortige Kleidung vorwiegend aus Wolle von Schafen, Ziegen und Kamelen war. Sie spielt im ganzen Orient bis heute eine große Rolle.

Die Kunst, die Wolle zu färben, lernten die Israeliten in der ägyptischen Gefangenschaft. Daß sie die Färbung auch in der Züchtung gut verstanden, lehrt der Bericht von Jakob, der die Schafe seines Schwiegervaters Laban hütete.

Die Bewohner der Pfahlbauten pflegten das kleine, ziegenhörnige Torfschaf (Ovis palustris), dessen Nachkommen noch heute in der Schweiz im Bündner-Oberland fast reinrassig gezüchtet werden. Es gilt als das erste Hausschaf. Der Mensch züchtete sowohl Woll-, Fleisch- wie Milchschafe. Er züchtete Schafe mit absonderlichem Gehörn oder auffallender Farbe, auch mit starker Fettbildung. So finden sich aus der babylonisch-assyrischen Kulturepoche auf steinernen Reliefs erste Abbildungen von Fettschwanzschafen, die heute besonders in Südafrika gezüchtet werden. Diese Schafart speichert in dem sehr langen und am Ansatz sehr breiten Schwanz Fettmengen, die bis zu 35,0 kg Gewicht erreichen. Es gibt ebenso Fettsteißschafe, die auch Schwarzkopfschafe genannt werden. Sie lagern das Fett im Hinterteil des Körpers.

Auf dem Balkan finden sich grobwollige Schafrassen, die Zackelschafe, die ein spiralig ausgezogenes langes und spitzes Gehörn tragen, das fast horizontal vom Kopfe absteht. In Afrika und in England gezüchtete Schafe haben ein auffallendes Doppelgehörn. Die oberen Hörner gehen schräg geschweift vom Schädel nach auswärts ab, während das untere Paar sich nach vorn erstreckt und dann die Spitzen wieder einrollt. – Die Lämmer der Fettsteißschafe haben ein sehr feinlockiges Fell, das den bekannten Astrachanpelz liefert.
Wie wohl bei allen Rohprodukten erfolgt die Unterscheidung auch der Schafwollarten nach ihrer Herkunft: z. B. Süddeutsche Landwolle, Australwolle, Kapwolle und manche andere. Die Schafrassen differenzieren die Wolle ebenfalls, z. B. Merino-Wolle und Cheviot-Wolle. Während das Cheviotschaf meistens lange, gering gewellte Wolle liefert, ist die des Merinoschafes fein und kurzlockig. Nach dem Alter der Tiere unterscheidet man Lamm-, Mutter- und Hammelwolle.
In der Textilreklame treten noch manche andere Namen für Wolle auf. So ist Schur-Wolle durch die Gewinnungsart gekennzeichnet, d. h. sie wird durch Scheren lebender Schafe gewonnen, während die Sterblings-Wolle von verendeten Schafen stammt. Sie ist qualitativ geringwertiger als Schurwolle. Haut- oder Fell-Wolle stammt von geschlachteten Schafen. Gerber-Wolle ist solche, die während der Gerbvorgänge gewonnen wird. Ihre Ablösung von der Haut erfolgt chemisch durch Auftragen der lösenden Masse von der dem Organismus zugekehrten Seite, d. h. von der Innenseite des Felles. (Über die Unterscheidung der Wolle nach Fabrikationsvorgängen in Kamm-Wolle und Streich-Wolle siehe unter den Anmerkungen S. 77 [1]).
Es ist einleuchtend, daß man durch Kenntnis der Eigenarten der Wolle auch etwas über ihre Wirkungen erfährt. Die Wollfaser zeigt z. B. unter dem Mikroskop in der Längsansicht ein Bild wie geronnenes Eiweiß, das durch die dachziegelartig übereinander gelagerten Zellen entsteht. Das Eiweiß der Wolle heißt – wie das des Menschenhaares – *Keratin* [2], d. i. Hornsubstanz. Es ist aber keine gleichmäßige Keratinmasse in der Wollfaser. Sie ist in sich noch differenziert und auch chemisch unterschiedlich aufgebaut. Die Eigenschaften der Wolle werden aber wesentlich durch die Keratin-Substanzen bestimmt.

Wasser kann die Wollfaser zur Quellung bringen, aber das erwähnte

Keratin nimmt weniger Wasser auf als andere Eiweißarten, wie z. B. Albumin oder Gelatine. Wird Wolle mit kaltem Wasser behandelt, dann können sich feine Spuren der Wollsubstanzen auflösen. Beim Kochen geht die Auflösung so weit, daß Amino-Säuren frei und nachweisbar werden. Ebenso wird die Wolle unter längerem Wasserdampfdruck stark geschädigt. Soda kann die Wolle bei höherer, länger einwirkender Temperatur auflösen. Auch Oxydations- und Reduktionsmittel können die Wolle beeinträchtigen.

Werden Wollfasern im Wasser mechanisch bearbeitet, so verschlingen sich die Fasern enger miteinander. Das ist der Vorgang des »Filzens«. Diese Eigenschaft der Wolle wird technisch ausgenützt, um »Filze« herzustellen oder um den Wolltuchen geschlossenere Struktur zu geben (Walken). Verfilzen können Strick- und Wirkwaren in der Wäsche in ungeeigneter Waschlösung, d. h. bei Verwendung von zuviel Waschmittel. Sie werden dadurch kleiner, d. h. sie »laufen ein«. Um das Verfilzen zu vermeiden, dürfen Wollsachen im Wasser nicht stark gedrückt, gequetscht, gerieben oder gezogen werden. Das Vermögen zu filzen hängt von der oben erwähnten Schuppenstruktur der Wollfaser ab, denn es gibt solche mit weniger oder mit mehr Schuppenbildung. Merinowolle zeichnet sich durch hohe Schuppenentwicklung aus, so daß Merinowolle starke Filzeigenschaften zeigt. Der Vorgang des gewollten Filzens der Wolle kann hier übergangen werden. Er wird eingesetzt, um der Wolle bestimmte Effekte zuzuführen.

Ein umfangreiches Gebiet in der Wollbereitung stellt die »Veredelung der Wolle« dar. Hat man die Rohwolle vor sich, dann ist diese selbstverständlich durch manche Verunreinigungen [3] beinträchtigt, die dem Spinnprozeß nicht gerade förderlich sind. Sie muß also gewaschen werden. Die einzelnen Reinigungs- und Veredelungsvorgänge, welche die Wolle über sich ergehen lassen muß, können hier übergangen werden; aber nicht unerwähnt darf bleiben, daß bei diesen Verfahren das wertvolle »Wollfett« gewonnen wird, das in der Pharmazie, Medizin und Kosmetik eine bedeutungsvolle Rolle spielt. Es wird in Großwollwäschereien aus dem Waschwasser der Wolle gewonnen. Wer sich je einer Wollkämmerei genähert hat oder sie gar besucht hat, dem wird der intensive Gestank nicht aus der Erinnerung verschwinden und ihn an einen Wesenszug des Schafes erinnern, daß es nämlich die Kraft besitzt, in sich den Gestank zusammenhalten zu können.

Das »raffinierte« Wollfett gibt nach Durchkneten mit Wasser eine gelblich-weiße Salbe, die als »Lanolin« bekannt ist. Sie ist eine wichtige Grundlage zur Herstellung von Salben und kosmetischen Produkten. Im deutschen Arzneibuch wird die Zusammensetzung des Lanolins als aus 13 Teilen Wollfett, 4 Teilen Wasser und 3 Teilen flüssigen Paraffins bestehend angegeben. Es wird von der menschlichen Haut sehr leicht aufgenommen und soll Bakterien keinen Nährboden bieten.

Das Wollfett muß der Wolle entzogen werden, weil es stark klebrig ist und dadurch den Spinnprozeß stören kann. Der Fachmann muß dabei sehr vorsichtig zu Werke gehen; denn bei restloser Entfettung der Wollfasern verlieren diese wiederum ihre Elastizität. Es bleibt also immer noch ein kleiner Rest an Wollfett in der Wolle.

Nach dem Waschvorgang wandert die Wolle in die Spinnereien, wo sie für den Spinnvorgang vorbereitet wird. Dabei wird ihr wiederum Fett zugesetzt, weil die Wollfaser sich sonst nicht fehlerfrei verspinnen läßt. Man nennt diesen Vorgang das »Schmälzen« der Wolle. Diese Fettung der Wolle wird mit bestimmten Ölen in Emulsionsform durchgeführt. Dadurch wird die Wollfaser gleitfähiger; aber auch die Fasern haften dann besser aneinander. Die Schmälze vermindert auch die elektrostatische Wirkung der Wolle. Bleich- und Färbeverfahren der Wolle können wiederum nur dann einwandfrei durchgeführt werden, wenn die Schmälze vorher ausgewaschen wird.

Daß außer der Schafwolle auch Kamel-, Ziegen-, Lama- und andere Tierhaare eine Bedeutung für Bekleidungszwecke haben, ist bekannt.

Seide

Die Wollfaser wird als Eiweißfaser bezeichnet und ebenso der Seidenfaden. Ganz obenhin gruppiert man sie unter diesem Begriff, ohne daß man sich zumeist viel Gedanken darüber macht, wo und wie diese Eiweißfasern zustandekommen. Was mußte alles geschehen, damit sie dem Menschen für seine Zwecke zur Verfügung stehen konnten. Natürlich wissen die Züchter und Fachleute schon, um was es geht, nur der Verbraucher, den es am meisten anginge, ist daran wenig interessiert. Die Seidenfaser verdanken wir dem interessanten Leben der Schmetterlinge. Merkwürdige Umwandlungsvorgänge finden in diesem Leben statt. Der Schmetterling legt Eier, aus ihnen schlüpfen die Raupen, und sie spinnen aus ihrem Inneren heraus eben den Eiweißfaden zur Puppe – dem Kokon –, aus dem später wieder der Schmetterling herausschlüpft. Aber welche umfassende Vorgänge sind nötig, damit diese Wandlungen vor sich gehen können. Vier ganz unterschiedliche Zustände und Erscheinungsformen kennzeichnen das Wesen »Schmetterling«: das in sich ruhende Ei, die kriechende Raupe, die hängende, starre Puppe und der fliegende Schmetterling. In alle diese Übergangsformen greifen ständig Kräfte ein, die schon von den ersten Züchtern des Seidenspinners – von den alten Chinesen – vor Jahrtausenden als Beziehungen zu den Sternen erkannt wurden. Sie berechneten sogar genau die Horoskope der Gelege und mancher anderer Vorgänge dieser Metamorphosenreihe. Diese Einzelheiten, die bei ihnen dem Einwirken wechselnder Planeten zugeschrieben wurden, können im Rahmen dieser Arbeit nicht geschildert werden. Hier interessiert vor allem der Seidenspinner oder Maulbeerspinner selbst – Bombyx mori –, der zum Hauptlieferanten der Seide geworden ist. Der mehlweiße Schmetterling aus der Klasse der Spinner, dessen gedrungener Leib mit Kopf noch dem Kokon ähnelt, dem er entschlüpfte, zeigt beim Ausbreiten seiner Flügel eine Spannweite von etwa 4–4,5 cm. Wenn er die Puppe verlassen hat, erfolgt meistens anschließend schon die

Paarung und nachfolgend die angedeuteten Durchgangszustände. Wir haben es also mit einem Wesen zu tun, das sich anscheinend nur in Wandlungsvorgängen darlebt, dem das physisch-stationäre Dasein vollkommen fremd ist. Die Erde hat in der Tat wenig Anteil an ihm.

Der »Seidenwurm« erreicht eine Länge von 4–6 cm. Die grauweiße, nackte Raupe trägt am Körperende ein kleines Horn. Ihr Halsteil ist verdickt. Auf dem Rücken finden sich braune Gabel- und rotgelbe Augenflecken. Sie lebt ständig im Licht und ausschließlich von den Blättern des Maulbeerbaumes (Morus alba), der zur Familie der Moraceen gehört, zu denen auch die Feigenbäume gehören, eine Pflanzenfamilie, die noch ein Milchsaftsystem in ihren Geweben birgt. Das Licht der Sonne übt auf die Raupe des Seidenspinners – nach Rudolf Steiner – eine entscheidende Wirkung aus. Im Spinnen des Seidenfadens, der eigentlich ein Doppelfaden ist, weil er gleichzeitig aus zwei parallelen Drüsen austritt, folgt sie bei ihrer Verpuppung in ihren Bewegungen dem Lichte. Sie stirbt regelrecht in das Licht hinein, in ihr eigenes Fadengespinst. Die Kokons sind entweder weiß oder gelb und zeigen eine längsovale, walzige bis eiförmige Gestalt, soweit es sich um weibliche Schmetterlinge handelt, die da schlüpfen werden. Die männlichen entstehen aus Kokons, die auch walzig sind, aber um die Mitte herum eine Schnürfurche tragen.

Die erwachsene Seidenraupe, die mehrere Häutungen durchgemacht hat, klebt ihren flüssigen »Spinnstoff«, der aus der Doppeldrüse abgesondert wird, an einen Zweig, zieht den an der Luft erstarrten Doppelfaden dann unter kreisenden, lemniskatischen Bewegungen als einzelne lose Doppelfäden um sich und befestigt sie an verschiedenen Stellen. Dadurch entsteht ein Gespinst, das anfänglich einer Hängematte nicht unähnlich ist. Das Gespinst um die Raupe wird immer enger und dichter, bis sie von der Außenwelt vollkommen abgeschlossen ist. Kurze Zeit kann man die spinnende Tätigkeit im Inneren des Kokons noch hören, bis es drinnen ganz still wird. Die Raupe hat sich in ihrem lichtdurchfluteten Seidenfaden versponnen. Wenn die Zeit dann da ist, durchbohrt der ausschlüpfende Schmetterling das Gespinst, das dadurch für die Seidengewinnung natürlich ungeeignet wird.

Die kräftigsten Gespinste wählt der Züchter zur weiteren Zucht aus, die anderen werden für die Seidengewinnung gesammelt. Diese Kokons, die etwa 800–1000 m abhaspelbaren Faden um das Innere des Kokons liefern, setzt man vor der letzten Reife heißen Wasserdämpfen oder Backofenwärme aus, um den Tod der Puppe, d. h. des werdenden Schmetterlings, herbeizuführen. In den toten Gespinsten hat der Seidenzüchter dann hohle Fadenknäule vor sich, die von außen nach innen abgewickelt werden müssen. Die Gespinste werden in fast kochendem Wasser bewegt und gebürstet. Dabei löst sich die »Leimsubstanz«, die die Fäden fest zusammenhält, und deren Anfang wird sichtbar. Mit warmem Wasser gefüllte Becken nehmen die Gespinste dann auf. Sie werden von da direkt auf eine Haspel geleitet, die die Gespinste abhaspelt. Immer läßt man mehrere Gespinste gleichzeitig bzw. zusammen abhaspeln, so daß dabei mehrere Fäden gebündelt ablaufen, da der einzelne Faden sonst zu fein sein würde. Die Fäden werden durch gläserne Ringe – »Fadenleiter« – geführt. Vermöge ihres eigenen Leimgehaltes vereinigen sie sich jeweils zu einem stärkeren Faden. Hinsichtlich weiterer Einzelheiten sei auf die Fachliteratur verwiesen.

Eine Rohseidefaser [4] ist ein Doppelfaden, der aus *Fibroin* [5] besteht und von *Seidenbast* umhüllt ist. Wie die Wollfaser ist auch die Naturseide hygroskopisch und kann bis etwa 30 % Wasser in sich aufnehmen, ohne sich feucht anzufühlen. Die Naturseide besitzt einen sehr großen Festigkeitsgrad, der nur von wenigen synthetischen Fasern übertroffen wird. Sie zeigt die größte Reißfestigkeit von allen Naturfasern. Bei Versuchen hat sich ergeben, daß ein Meter Faden sich bei Belastung auf 116 cm verlängern kann im Augenblick des Durchreißens.

Die abgehaspelte Seide ist noch glanzlos, weil der Fibroin-Doppelfaden von einem Mantel aus *Serecin* [6] umgeben ist, der den Seidenglanz verhüllt. Wenn man eine glänzende und auch geschmeidige Seidenfaser wünscht, dann muß man den Bast der Seide beseitigen. Diesen Vorgang nennt man »Entbasten«. Er wird in Seifenlösungen bei Kochtemperatur durchgeführt. Dabei löst sich das Serecin ab. Entbastete Seide heißt »Cuite«.

Andererseits gibt es Seiden, denen man den Bast läßt oder ihn sogar noch härtet, sogenannte Ekru- oder Hartseiden. Zwischen beiden gibt es Seide, die durch »Souplieren« nur teilweise weichgemacht wird, weil ihr der Bast zum Teil belassen wird. Sie ist natürlich nicht so glänzend wie entbastete Seide. Schleier, Spitzen und Tüllgewebe werden aus

Hart- oder Ekruseiden hergestellt. Früher nahm man sie auch für Ballonstoffe. Entbastet, soupliert und gehärtet wird nur die gehaspelte Seide. Chappe- und Bourette-Seide verlieren bereits beim Degummieren, d. h. bei der Aufbereitung, den Bast. Entbastete Seide ist vorwiegend weiß.
Eine Prozedur, die bei der Seide noch erwähnt werden muß, ist das »Erschweren«. Bei Rohseide wird das Erschweren selten durchgeführt. *Cuite*, *Ekru* und *Souple* erfahren dagegen oft diesen Prozeß. Durch ihn erreicht man für die Seide nicht nur eine Glanzerhöhung, sondern auch eine Umfangs- und Materialerweiterung. Durch chemische Bindung der Seide mit Metallverbindungen, die sie aufzunehmen vermag, wird ein solcher Effekt herbeigeführt. Meistens wird eine Zinn-Phosphat-Silikat-Erschwerung durchgeführt. Die Haltbarkeit der Seide nimmt allerdings mit der Erschwerungshöhe ab.
Manche Aufbereitungsvorgänge und das Färben führen dazu, daß die Seide ihren geschmeidigen Griff verliert. Das korrigiert man in der »Appretur der Seide« durch das sogenannte »Avivieren«. Schweflige Öle und Fette vermitteln, daß sie wieder geschmeidig, griffig wird. Es gibt noch eine »Tussah-Seide«, die nicht aus der Züchtung, sondern von einem in Ostasien wild lebenden Nachtpfauenauge, dem Tussah-Spinner kommt. Sie ist nicht so willfährig wie die des Maulbeerspinners. Der Faden ist etwas knotig und schwer zu haspeln, aber mechanisch widerstandsfähiger, auch gegen Alkali und Säuren. Der Bast ist ebenfalls schwerer zu beseitigen. Die Farbe der Seide ist gelb bis braun. Die Raupen dieser Nachtpfauenaugen leben von den Blättern der Apfel-, Eichen- und Kastanienbäume.

Im Schmetterling erlebte der Mensch des Altertums etwas von dem Wesen des Ich. Er war ihnen das Symbol der Unsterblichkeit. Den Gott des Schlafes – Hypnos – bildete er mit Schmetterlingsflügeln ab. So schien sich ihm in diesem Wesen, die schon im Erdenbereiche Metamorphosenvorgänge darlebten, ein Hereinragen geistiger Wesensbereiche in die Welt des Irdischen zu offenbaren.
Was dieser Verehrung des Schmetterlings zugrunde liegt, mag in jenen Zusammenhängen liegen, die Rudolf Steiner einmal andeutete. Über die Lichtnatur des versponnenen Fadens wurde schon gesprochen. »Die Raupe schließt sich in der Puppe von den physischen Erden-

kräften ganz ab«.* Jetzt hat sie ganz geistige Kräfte in der Puppe darinnen. Diese Schutzwirkung des Seidenfadens behält auch noch die gesponnene Seide für Unter- und Oberkleidung. Was das bedeutet, wird in einem späteren Kapitel ausgeführt.

Dann weist Rudolf Steiner darauf hin, daß in älteren Zeiten der Priester, der in rechter Weise und nach Vorbereitung das Wort »Jahve« aussprach, Bilder von Schmetterlingen in seiner Seele erlebte. »Jahve«, das Wort, das »Ich« bedeutete, führte in einer Zeit, wo dieses Ich noch nicht anwesend war im Menschen, zur Imagination von Schmetterlingen. Diese Tatsache dürfte sich in den Schmetterlingsdarstellungen der Antike spiegeln.

Der uralten Kultur des Schafes und damit der Wolle, die seit Jahrtausenden bestätigt ist, steht die Kultur der Seidenraupe im Osten Asiens – in China – gegenüber. Die Zucht dieser Spinner soll im 6. Jahrtausend vor der Zeitenwende entstanden sein. In dem Spinnfaden der Seidenraupe haben wir – abgesehen von den angedeuteten Licht-Sonnenbeziehungen – wieder ein Fadengebilde vor uns, das aus tierischem Eiweiß entsteht. Es ist fraglos ein Geheimnis, warum gerade der tierische Eiweißfaden dem Menschen am besten als Kleidungsmaterial bekommt. Dabei gibt es einzelne Menschen, die allergisch gegen Seide sind wie andere gegen Wolle. Diese besonderen Allergien dürften reine Eiweißallergien sein, die – abgesehen davon, daß sie nicht allzu häufig sind – mit Eiweißkonstitution und -aufbau in den betreffenden Allergikern zusammenhängen. Auch die Geruchsaffektionen durch beide, solange es sich um Rohstoffe handelt, sind recht kräftig.

Im alten China waren die Kaiserinnen die Schutzherrinnen der Seidenraupenzucht. Von dort verbreitete sich diese Kultur nach Zentralasien und später auch nach Japan. In vorchristlichen Zeiten wurden chinesische Seidenprodukte schon auf dem Landwege, auf Karawanenwegen nach dem Westen verhandelt und fanden Aufnahme in Indien, Persien und Medien (nordwestlicher Teil Persiens). Über diese Länder kam die Seide – wenn auch anfänglich sehr wenig – nach Griechenland und Rom. Herodot sprach darum von »medischen« Gewändern, wenn er Seidengewänder meinte. Aristoteles beschrieb als erster eine Seiden-

---

* R. Steiner, Bibliographie Nr. 351 / Vortrag v. 8. 10. 1923 in Mensch und Welt / Das Wirken des Geistes in der Natur.

raupe. Etwa hundert Jahre vor der Zeitenwende wurde der Gebrauch seidener Stoffe in Syrien, Vorderasien und Ägypten häufiger. In den ersten Jahrhunderten nach der Zeitenwende nahm die Verwendung seidener Kleider in Griechenland und besonders in Rom allgemein zu. Im 6. Jahrhundert brachten zwei Mönche Eier von Seidenspinnern nach Byzanz. Dadurch verbreitete sich die Seidenraupenzucht auch in Griechenland und später weiter im übrigen Europa. Die Araber brachten sie nach Spanien und Sizilien. Von dort aus ergab sich die Verbreitung von Seidengewinnung und -verarbeitung über ganz Italien und unter Heinrich IV. nach Frankreich. Im Lande des Hopfenbaues – in Bayern – begann die Seidenzucht 1670. In der Pfalz wurden 80 000 Maulbeerbäume angepflanzt, die allerdings durch die Napoleonischen Kriege wieder zugrundegingen. Friedrich der Große hatte sogar in Preußen Prämien ausgesetzt, um die Seidenraupenzucht zu fördern.

Außer den verschiedenen Seidenfäden, die Raupen zu Kokons spinnen, gibt es noch andere Fäden, die aus der lebendigen Eiweißsubstanz eines Tierleibes hervorgehen. Sie wurden auch schon früh von den Menschen für ihre Zwecke verwendet. Da ist z. B. die Steckmuschel aus der Sippe *»Pinna«*. Die Pinnen leben gesellig in warmen Meeren, besonders an den Küsten Siziliens, Süditaliens und des Atlantik und erreichen eine Länge von etwa einem halben Meter. Sie sondern den berühmten »Byssus« ab, aus dem vor allem in Unteritalien Geflechte, Stickereien und Gewebe hergestellt werden, ohne daß es wohl je zu größeren Handelsausweitungen damit gekommen ist. Unter »Byssus« versteht man also »Muschel-Fäden«, d. h. seidenähnliche, schwarzbraune Sekrete verschiedener Muscheln. Die echten Perl- und Miesmuscheln besitzen ebenfalls Spinndrüsen.
Die Kokons der Kreuzspinne – Aranea diadema* – werden für die »Fadenkreuze«, die wir aus optischen Instrumenten kennen, verwendet. Auch spinnende Ameisenlarven und Tausendfüßler gibt es.
Unter den seidenliefernden Schmetterlingsarten sind die Seidenspinner (Bombycidae), die Nachtpfauenaugen (Saturniniae) und die Wollspinner (Lasiocampsidae) wohl die bedeutendsten. Erwähnt seien noch die »Prozessionsspinner«, die »Weißlinge« und die »Gespinstmotten«.

---

* s. Simonis, Arzneitiere, Stuttgart 1962.

Baumwolle

Als *natürliche* Fasern des Pflanzenreiches stehen den tierischen oder Eiweiß(Protein-)-Fasern gegenüber die *Baumwolle* [7] und der *Flachs* bzw. *Leinen.* Die Pflanzenfasern sollen hier nur kurz besprochen werden. Sie können dem Wärmewesen des Menschen weniger gerecht werden als die besprochenen Tierfasern Wolle und Seide. Durch die Gegenüberstellung soll versucht werden zu zeigen, daß wir in den tierischen Fasern wärmende und in den anderen mehr kühlende oder kalte Fasern vor uns haben. Die wärmenden Fasern gehen hervor aus dem Eiweiß, aus jenem Element, das auch der Lebensträger ist, während die Pflanzen- oder Zellulosefasern aus dem formend-stützenden Kohlehydratbereich der Pflanzenwelt herstammen – also zwei recht unterschiedlichen Gebieten chemischen Waltens in der Natur.

Unter den natürlichen Zellulosefasern gibt es solche aus der Samenregion – d. h. Samenfasern – und solche aus der Stengelregion der Pflanze und zwar aus der Bastschicht der Stengel. Das sind die Bastfasern. Die Blattfasern brauchen hier nicht besonders erwähnt zu werden. Zu den Samenfasern gehört vor allem die Baumwolle, die hier betrachtet werden soll. Eine Samenfaser ist auch der Kapok. Die Baumwolle wird in Erdregionen kultiviert, in denen eine mittlere Jahreswärme von etwa 20–30 °C herrscht. So produzieren Länder wie die USA 45,3 %, Rußland 12,4 %, Indien 9,6 %, China und Mandschurei 5,5 %, Brasilien 3,8 %, Ägypten 3,8 %, Mexiko 3,3 % und Pakistan 3,1 % der gesamten Welternte an Baumwolle.

Diese Kulturpflanze gehört der Pflanzenfamilie der Malvengewächse an. Trotz ihres Namens kommt sie baumartig seltener vor und erreicht dann Höhen von 3–6 m. Häufiger sind kraut- und strauchartige Gewächse von 1–2,5 m Höhe. Da die Fruchtkapseln, welche die begehrten Samenhaare enthalten, zeitlich ungleich reifen, dauert die Ernte mehrere Monate – etwa vom August bis Januar. Hat die Frucht ihre Reife erlangt, dann springt die Kapsel auf und den 3–5 Fächern entquellen

die an dem Samen haftenden Fasern. In jedem der Fächer finden sich wieder 3–5 Samenkörner.
Früher waren es Menschenhände, die auswählend die Baumwollkapseln pflückten. Allmählich weicht heute diese Gewinnungsart maschinellen Methoden. Es ist klar, daß eine sorgfältigere Auslese – insbesondere hinsichtlich der Reife der Früchte – nur der pflückende Mensch ausführen kann. Er gewinnt auch fraglos eine sauberere Baumwolle, die weniger Reste an Blättern oder Fruchtkapseln enthält. Mechanische Verfahren, die mit einem Rechen die Kapseln abstreifen, bringen notwendigerweise eine ungleiche und unsaubere Ernte an Rohbaumwolle. Es sind dann Verfahren erforderlich, die derartige Verunreinigungen wieder beseitigen. Daß bei beiderlei Ernteverfahren unterschiedliche Kosten auch den wirtschaftlichen Ertrag beeinflussen, ist verständlich. Es gibt noch andere maschinelle Ernteverfahren, die hier nicht alle beschrieben werden können. Man versucht, die Nachteile mechanischen Erntens immer mehr zu beseitigen. Auf ein Verfahren muß hingewiesen werden, das auffällig ist und sicher auch seine bedenklichen Seiten hat.
Man entlaubt die Baumwollpflanzen künstlich durch Berieseln mit Cyanamid-Lösungen. Dann reifen die Kapseln gleichmäßiger, so daß die mechanischen Ernteverfahren gleichmäßiger gereifte Kapseln vorfinden.
Die büschelartigen Fasern der Baumwollsamen werden zumeist am Ernteorte entkörnt. Dabei ergeben sich als Erntegut einerseits Baumwollsaatöl (Cottonöl) für die Margarinefabrikation (man bedenke dabei das Entblätterungsgift!) und dann die reinen Baumwollfasern. Wie bei allen Fasern gibt es auch hier verschiedene Sorten, die nach ihren Eigenschaften beurteilt werden.
Faserlänge, Glanz, Farbe, Reinheitsgrad und Weichheit bestimmen die Qualität. Es ist keineswegs jede Baumwollfaser geschmeidig, gleich lang oder glänzend. Am begehrtesten sind große Faserlänge, Glanz, Geschmeidigkeit und dann möglichst hoher Reinheitsgrad.
Über die Natur der Baumwollfaser erfahren wir, daß sie eine einzellige Faser ist. Der Zellkanal im Innern ist mit Protoplasmaflüssigkeit gefüllt und zeigt dann im Querschnitt eine nahezu kreisrunde Form. Nach dem Eintrocknen des Protaplasmas in der Faser fällt der Zellkanal zusammen. Es ergeben sich spiralige Windungen der

Fasern, die im Querschnitt mehr oder weniger nieren- bis kaffeebohnenförmig aussehen.

Vielerlei Verfahren zur sogenannten Veredelung der Baumwolle werden angewendet, die hier im einzelnen wieder nicht betrachtet zu werden brauchen, wie z. B. das Bleichen, Färben, Bedrucken, Mercerieren, Imprägnieren, Krumpffreimachen, Knitterfestausrüstung und manche andere.

Günstige Eigenschaften der Baumwolle für den Verbraucher bestehen vor allem in der Tatsache, daß sie sehr gut waschbar und kochbar ist. Sie ist schweiß- und lichtbeständig. Es gibt keine elektrostatischen Aufladungen; selbst vor den Motten ist sie sicher. Sie nimmt relativ viel Feuchtigkeit auf und ist ein guter Wärmeleiter, was nur unter bestimmten klimatischen Bedingungen von Vorteil ist. Wenn die Motten – die kleinen Raubtiere, denen nach tierischem Eiweiß gelüstet – an der Pflanzenfaser auch keinen Gefallen finden, so umso mehr die Schimmelpilze. Sie verursachen die Stockflecken in der Baumwolle.

Entsprechend ihren Eigenschaften wird sie zu Unterwäsche, Hemden, Blusen, Berufskleidung, Frottiertüchern, Tischwäsche verwendet. Auch als Oberkleidung findet sie Verwendung. Die Baumwolle hat auch unerwünschte Eigenarten. Außer den Neigungen zu Stockfleckenbildungen ist ihre geringe Elastizität, ihre starke Knitterneigung und die Tendenz zum Einlaufen zu nennen. Selbstverständlich versucht man durch bestimmte chemische Verfahren diese Nachteile auszugleichen. Abgesehen davon, daß man dabei manche der genannten positiven Eigenschaften einbüßt, wird der menschliche Körper und die Haut bei dieser dann denaturierten Faser immer mit chemischen Ingredienzien konfrontiert, die er durch Schweiß auflöst und durch die Stoffwechseltätigkeit der Haut resorbieren kann. Man beachte die dabei auftretenden Hautkrankheiten.

Die gute Wärmeleitung, d. h. Wärmeableitung macht die Baumwolle ungeeignet, dort zu wirken, wo Wärme gerade erhalten und nicht abgegeben werden soll. Daher ist sie eigentlich ungünstig z. B. als Kleidung und Unterkleidung von Kindern und älteren Menschen. Das Baumwollhemd, das durchschwitzt ist, klebt wie ein nasser Umschlag auf der Haut. Dieses schweißdurchzogene Hemd ist dann kalt und häufig Anlaß zu Erkältungen. Dadurch wird die Zirkulation in der Haut überhaupt beeinträchtigt. Schwitzt der Mensch dagegen in

ɛidenraupenzucht in China. Die Raupen müssen täglich mit ungeheuren Mengen frischer Maulbeer-
ɫätter gefüttert werden. Foto: Süddeutscher Verlag

ächste Seite oben:

Ɩit Spannung wird die Verpuppung der Seidenraupen verfolgt. Foto: Ullstein

ˈnten:

Ɔie Seidenkokons werden in Lagerhäusern gesammelt und an die Spinnereien verkauft.
Foto: Süddeutscher Verlag

ie Kokons werden
erlesen, die fleckigen
nd Doppelkokons
s unbrauchbar
ussortiert.
oto: Ullstein-AP

ie Kokons werden ▶
n warmem Wasser
elöst, mehrere
eidenfäden werden
emeinsam auf-
ehaspelt.
oto: Irmer, München

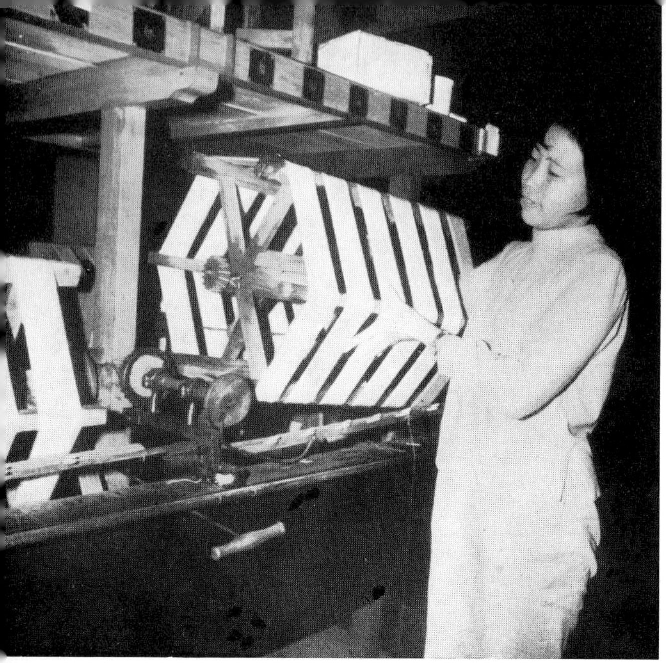

◀ Die aufgehaspelte Rohseide wird abgenommen.

Foto: Irmer, München

Oft wird der Wollefaden mit Seide verzwirnt und dann verarbeitet.

Foto: Ullstein-Kujawa

▼

einem leichten Wollunterhemd, dann bleibt es immer warm, und eine Durchnässung kommt kaum zustande. Daneben regt die Eigenart der Wollfaser immer die Aktivität der Haut an. – Warum müssen Baumwollhemden bei 100 °C gekocht werden? Nicht allein aus Sauberkeitsgründen, sondern wegen der starken Besiedelung mit Bakterien und Keimen. Demgegenüber sind Seide und Wolle stark abwehrend gegen solche unerwünschten Lebewesen. Man sollte Baumwolle tunlichst nicht direkt auf der Haut tragen. – Bei bestimmten Arbeiten hat sich eine Berufskleidung eingeführt, die als Oberkleidung getragen wird. Sie ist aus der Baumwolle hergestellt wie Technikeranzüge, Manchesterhosen und viele andere.

Wenn man bedenkt, daß die Kleidung eigentlich eine zweite Haut sein sollte, dann wird man vielleicht einsehen, daß bei der ungünstig charakterisierten Oberkleidung – die möglichst nur in den begrenzten Berufszeiten getragen werden sollte – die Unterkleidung auf jeden Fall den Ansprüchen der Haut genügen sollte: guter Wärmeschutz, gute Durchatmungsmöglichkeit, Vermeidung feuchter Kammerbildung auf der Haut.

Flachs

Zu den natürlichen Zellulosefasern gehört auch der Flachs (Lein). Zum Unterschiede von der Baumwolle oder bei den Eiweißfasern von der Wolle, die ohne weiteres spinnfähig im Naturprozeß vorliegen, ist das beim Flachs anders. Er gehört zu den Stengelbastfasern, die in einer Schicht der Pflanzenrinde – in der Bastschicht – verlaufen, von der sie durch die verschiedensten Methoden befreit werden müssen. Außer dem Flachs gehören noch Hanf, Ramie und Jute zu den Stengelbastfasern, die in der Textilindustrie verwertet werden. Manilahanf, Sisalhanf und Yucca liefern dagegen Blattbastfasern. Hier soll im wesentlichen der Flachs berücksichtigt werden.

Die Kultur der Pflanze verfolgt zweierlei Ziele. Man gewinnt aus ihr den Faserlein oder Faserflachs und aus dem Samen des Flachses – wie bei der Baumwolle – das Öl. Der Eigenart dieser beiden Stoffe und insbesondere der Eigenart der Pflanze entsprechend gewinnt man das eine in gemäßigteren, das andere in wärmeren Gegenden der Erde. Die Hauptkulturgebiete für Faserflachs liegen in Europa in Belgien, Rußland, Schlesien und der Tschechoslowakei. Der Ölflachs wird heute besonders in Südamerika in warm-trockenen Gegenden angebaut. Genau wie beim Hanf* verhalten sich die gewonnenen Produkte jeweils konträr: Der Ölflachs ist grob, niedrig und stark verzweigt, gibt aber gute Ölausbeute; seine Fasern sind wenig geeignet, weil sie verholzen und nicht genügend geschmeidig bleiben. Der Faserflachs gibt wiederum nur wenig Öl.

Zur Gewinnung der Flachsfaser ist folgendes zu sagen. Die reife Pflanze wird »gerauft« d. h. sie wird durch Menschenhände aus dem Boden gezogen. Nur beim Ölflachs werden die Pflanzen gemäht. Ginge man beim Faserflachs in gleicher Weise vor, dann bekäme man ein Flachsstroh, das nur geringwertig ist. Außerdem kämen Unkräuter

---

* s. Simonis, Genuß aus dem Gift? Stuttgart 1971.

und andere Dinge mit in dieses Stroh. Selbstverständlich gibt es auch schon Maschinen, die das »Raufen« ausführen.
Das Flachsstroh wird dann durch »Riffeln« von den Fruchtkapseln befreit. Man zieht die Pflanzen durch einen eisernen Kamm hindurch. Dabei bleiben die Kapseln im Kamm hängen. Dieses Riffeln mit den Händen schont das Material am meisten; maschinelle Methoden, die es auch gibt, tun es weit weniger.
Um die Bastfasern aus ihren Zusammenhängen lösen zu können, d. h. um den Zusammenhalt im Stengelgefüge zu lockern, wird der Flachs »geröstet«. Dieses »Rösten« wird den Mikroorganismen überlassen, die von Natur aus auf dem Flachs leben. Sie zersetzen die Pflanze langsam. Entweder man läßt das Flachsstroh auf dem Felde und überläßt es so der »Tauröste«, oder man legt es in Wasser ein (Wasserröste). In beiden Fällen wird die Zersetzung von – wenn auch unterschiedlichen – Mikroorganismen bewirkt, von Bakterien und Pilzen. Bei der Tau-Röste dauert der Vorgang etwa 3–6 Wochen, bei der Kaltwasserröste 2–4 Wochen. Daß es auch ein chemisches Rösten gibt, sei nebenbei bemerkt. Es spielt neben den vorerwähnten eine geringere Rolle.
Der natürlichen Lockerung der Flachsfasern folgt dann die mechanische Aufbereitung durch Vorgänge des Brechens, Schwingens und Hechelns. Alle diese wie noch die Veredelungsvorgänge seien hier als solche nur angedeutet.
Kulturhistorisch ist die Verwendung der Flachsfasern als Leinen in der Kleidung schon recht früh belegt. Es wird berichtet, daß im älteren Ägypten, etwa 3000 v. Chr., grobes und feines Leinen gewoben wurde. In der Schweiz fand man in den Höhlenwohnungen der Jungsteinzeit – ca. 2000 v. Chr., – Reste von Leinenkleidung. Aus der Bibel wissen wir weiter, daß die Juden sowohl Leinen wie Wolle trugen; doch verarbeitete man beide Stoffe niemals miteinander. Die Priester Israels trugen nur Leinenkleidung. Auch die Priester des Isiskultes sollen sich nur mit diesem Stoffe bekleidet haben, wie E. T. Renbourn nach Ovids Metamorphosen berichtet. In Rom hießen diese Priester deswegen »linigeri« d. h. die Leinenträger. Er begründet diese Tracht mit der »Idee der Reinheit« und meint, daß dieser »Symbolismus« seinen Grund in dem herrlichen Weißton des gebleichten Leinens hatte. Diese Erklärung erscheint recht oberflächlich. Es gibt noch eine andere

Erklärungsmöglichkeit, die ganz aus der priesterlichen Tätigkeit heraus verständlich sein könnte.
Das Leinen war bei Griechen und Römern nicht regelmäßig für Außenkleidung verarbeitet. Zumeist verwendeten sie dafür Wolle. Der »Chiton« – die innere Tunika – der Griechen aus Ionien war aus Leinen. Er war lang mit weiten Ärmeln versehen. Wolle war dagegen bei den Doriern üblich: Die Tunika wurde ärmellos und kurz getragen.

Man wird verstehen lernen müssen, daß der Mensch durchaus anders in der Welt, d. h. zwischen Erde und kosmischem Umkreis darinnen steht, wenn er Kleidung aus Pflanzenfasern trägt, als wenn er Tierfasern zu seiner Kleidung macht.
Aus den gegebenen, kurzen Charakteristiken kann man sich vielleicht klar machen, daß die Pflanzenfaser dem Menschen viel mehr ein solches Seelenleben im Leibe ermöglicht, daß er sich weniger intensiv mit dem Irdischen verbindet, daß er die Tatsachen dieses Irdischen weniger berücksichtigt und realisiert, sofern die klimatischen Verhältnisse das ermöglichen. Bis in die elektrostatische Aufladung, die es bei der Pflanzenfaser nicht gibt, wird dieser Erdentatsache, die man wohl nicht einfach übersehen kann, wenig Rechnung getragen.
Die Pflanzenfasern sind anfänglich auch vorwiegend in jenen Regionen getragen worden, wo Klima und erdenflüchtige Seelenhaltung Baumwolle und Leinen zu bevorzugten Rohstoffen der Bekleidung machten. Andererseits trugen die Menschen sie wohl auch in kühleren Gegenden; sie waren da aber in ihrer Inkarnationstiefe noch weit von dem heutigen Zustande entfernt. Sie lebten noch viel stärker mit ihrem Wesen im Umkreis ihres Leibes als heute, wo der Mensch zu stark in der Schwere des Leibes versinkt. Wenn der heutige Mensch in unseren Breitengraden Pflanzenfaserstoffe trägt, dann kann er im Hinblick auf seine Wärmeorganisation kaum zur notwendigen bewußten Durchdringung seines Körpers kommen. Er hat nicht genügend Empfindungsvermögen für die wechselnden Ansprüche, die von außen an ihn herankommen. Er ist gewissermaßen dagegen abgestumpft, weil das kühlende Durchluftetwerden in der Kleidung überwiegt und die Wärmeorganisation nicht genügend pflegt. Die menschliche Ich-Organisation ist in anderer Weise in der Haut aktiv, wenn diese warm

durchblutet ist, als wenn sie kühl zwar belüftet, aber nicht genügend gewärmt wird.
Durch fanatische Vegetarier ist die Tierfaser eine Zeitlang verabscheut und diskreditiert worden, weil eine absurde Begriffsbildung keine Unterschiede machen konnte in Bezug auf das, was der Mensch sich innerlich einverleibte und was er äußerlich an sich trug. Damit soll keineswegs etwas gegen die vegetarische Ernährungsweise gesagt sein, die durchaus günstig für den Menschen sein kann. Oft folgt der Mensch nur zu gern dem Schlagworte »Naturprodukt«, ohne sich klar zu machen, daß ein solches Wort noch nichts entscheidet. Auch die Gifte sind Naturprodukte; man wird sie trotzdem nicht nehmen, wenn man noch halbwegs vernünftig ist. Andererseits prüfe man einmal, wie Industrie und Handel heute zuweilen dieses Wort »Naturprodukt« zu Tode hetzen, um ihre Waren, die dann keineswegs reine Naturprodukte, sondern nur mit ihnen gemischt sind, absetzen zu können.

Synthetische Fasern

Den Naturfasern, die zum Teil charakterisiert wurden, stehen heute als Produkte menschlichen Wissenschaftsgeistes die Kunst- oder Chemie-Fasern gegenüber. Sie sollen hier nur kurz erwähnt und in ihren wesentlichen Eigenarten angedeutet werden. Man unterscheidet da zweierlei Arten: die »regenerierten« Fasern und die »synthetischen« Fasern. Während bei den letzten das Ausgangsprodukt aus Kohle, Wasser und anderem synthetisch aufgebaut wird, nimmt man bei den ersten aus dem Naturbereich die Zellulose, die von der Pflanzenwelt aufgebaut wird, und bringt sie durch chemische Vorgänge in Fadenform. Sie bleibt als Substanz die Grundlage der Produktion. Durch bestimmte Chemikalien und Vorgänge wird sie in Lösung übergeführt und dann durch Düsen abgepreßt. Es entstehen dabei die Spinnfäden, die durch weitere unterschiedliche Verfahren erstarren. Diese Herstellungsarten differenzieren die entstehenden Produkte wie z. B. Viskose-, Kupfer-, Azetat- und Triazetat-Verfahren.

Von der entwickelnden Textil-Wissenschaft und -Industrie wird behauptet, daß ohne Chemiefasern 20 Prozent aller Menschen unbekleidet blieben. Ob das den Tatsachen entspricht, entzieht sich unserer Kenntnis. Zum mindesten wären die Kleiderschränke der Menschen nicht so mit Garderoben überfüllt, wie sie es in der zivilisierten Welt in der Tat sind. Es bliebe noch zu untersuchen, was die Menschen dazu führt, sich einem ständigen Kleiderwechsel zu unterziehen.

Der Unterschied zu den Naturfasern liegt bei den »regenerierten« Fasern in einem großen Mangel an Stärke, bei vorhandener größerer Weichheit und Schmiegsamkeit, die ihr aber weniger Eignung zur Schutzwirksamkeit verleihen. Als Produkte aus dieser Fabrikationssparte sind bekannt: Bemberg, Cupresa, Cuprama, Azetat, Tricel und Arnel. Die aus diesem Faserbereich hergestellten Kleidungsstücke sind vor allem Charmeuse-Unterwäsche, Kunstseidenstrümpfe, plattierte Strümpfe, Krawatten und Damenpullover.

Die »synthetischen« Fasern sind nun auch ihrer Aufbausubstanz nach – die es in der Natur nicht gibt – reine Produkte menschlichen Schöpfergeistes. Ob diese Schöpfungen immer zum Vorteile des Menschen, der Natur und der Erde gereichen, soll hier nicht weiter untersucht werden. In sehr komplizierten technischen Vorgängen muß die Aufbausubstanz mit Hilfe der Chemie hergestellt werden. Dazu dienen Kohle, Wasser, Kalk, Erdöl und andere Dinge als Grundstoffe. Unterschiedliche Aufbaumöglichkeiten bestimmen verschiedene Arten der Synthesefasern. Dabei werden die einen in Flüssigkeit gelöst, die anderen geschmolzen. Die Spinnlösungen werden dann wieder durch Düsen gepreßt. Die Fäden erstarren im Anschluß an diesen Vorgang. Weitere Verfahren sorgen für zweckentsprechende Zubereitungen.

Die bekanntesten Arten sind:

Polyamide	=	Grilon, Nylon, Nylsuisse, Perlon
Polyester	=	Dacron, Terylene, Trevira
Polyacrylinitril	=	Dralon, Leacryl, Orlon
Polyvinylchloride	=	Movil, Rhovyl
Polyurethane	=	Dorlastan, Lycra

Als die hervorstechendsten Eigenarten dieser Fasern und der aus ihnen gewonnenen Gewebe sind vor allem die starke elektrostatische Aufladung, eine große Reißfestigkeit, Beständigkeit gegen chemische Einflüsse, geringe Fähigkeit zu Dunst- und Feuchtigkeitsaufnahme und Quellung zu nennen. Es gibt weitere Textilrohstoffe neuerer Art, auf die hier auch nicht weiter eingegangen werden soll. Über die Varianten in den Eigenschaften der einzelnen Kunststoffe kann sich jeder in der Fachliteratur orientieren. Die Empfehlungen nahezu aller dieser Stoffe berücksichtigen wenig oder gar nicht die Gesichtspunkte, die in dem Abschnitt »Forderungen an Stoff und Kleidung« gestellt werden. Sie gehen zumeist auf äußerliche, die Pflegebequemlichkeit hervorhebenden Eigenarten ein. Über ihre allgemeine Feuergefährlichkeit findet man selten Hinweise; deshalb sind auch schon manche Todesfälle auf ihr Konto zu schreiben. Die »elektrostatische Aufladung« wird gelegentlich als ein Vorzug gegen »Rheumatismus« angepriesen. Daß es sich bei solchen Empfehlungen um direkte Irreführung handelt, liegt auf der Hand.

Das Gebiet der Kunstfaser ist zwar umfangreich und vielgestaltig geworden, doch wird niemand behaupten können, daß dort bisher etwas Wesentliches geleistet worden wäre, das an die Naturfasern Wolle und Seide heranreicht oder diese etwa übertrifft. Es sind zwar ungeheure Kapitalien dort entstanden, weil man es geschickt verstanden hat, mit dem Variationstrieb des Menschen zu manipulieren, indem man dabei unter illusionären Vorstellungen keinerlei Rücksicht nimmt auf das wahre Wesen des Menschen. Es gibt kein Kunstfasergewebe, das dem Menschen seine Eigenart gewährleistet, das ihn insbesondere für diese seine Eigenart wach macht und ihn dadurch in seiner Entwicklung fördern könnte.

Wenn behauptet wird, daß ohne die Kunstfasern 20 Prozent der Menschen unbekleidet bleiben müßten, dann bleibt es doch auffallend, daß man die übrigen 80 Prozent als Ziel einer Propaganda für diese Stoffe wählte. Die übrigen 20 Prozent laufen noch heute mehr oder weniger unbekleidet herum. Einige sind sogar so klug, daß sie eine Kunstfaserbekleidung ablehnen.

So berichtete das Magazin »Time«, wie in Uganda, dessen Staatschef General Idi »Big Daddy« den Eingeborenen das Tragen von Hemd, Hose und Schuhen befohlen hatte, diese sich gegen den Befehl empörten. Wenn ein General an der Spitze steht, ist es bekanntlich mit der Freiheit nicht weit her. Angeblich 280 000 Staatsangehörige aus dem Stamme der Karamojong, dem ärmsten Stamme in Uganda (sie gehörten wohl zu den erwähnten 20 Prozent) weigerten sich trotzig, dem Befehl zu folgen. Es heißt in dem Bericht, den »Selecta« Nr. 38 (September 1971) bringt, daß einige Stammesangehörige dem Befehl gefolgt waren. Sie wurden verprügelt und mußten zur Strafe die »Fetzen ihrer Kleidung herunterwürgen«. An einigen Stellen führte es direkt zu einer Rebellion, so daß Truppen eingesetzt wurden. Darauf zogen einige Hosen und Hemden an. Als kurze Zeit darauf eine Cholera-Epidemie in der Gegend auftrat, fühlten sich die Rebellen bestätigt; denn nach ihrem Glauben versteckten sich Krankheiten in den Kleidern. »Die einzigen angezogenen Karamajong findet man gegenwärtig im Gefängnis: 120 von ihnen verbüßen da eine sechsmonatige Haftstrafe wegen ihres Aufruhrs gegen die Kleidung.«

Elektrostatische Aufladung von Stoffen und Kleidung

Ein wichtiges Problem für jede Bekleidungsart des Menschen ist die sogenannte »elektrostatische Aufladung«. Sie offenbart uns etwas von Wesensbereichen, womit die Erde und durch sie der Mensch konfrontiert sind, ohne daß er viel davon weiß. Sie spielt schon bei der Wollbekleidung in geringem Maße eine Rolle, doch verliert sie diese Eigenart relativ leicht, wenn nicht gerade entgegenwirkende Verfahren in der Aufbereitung (auch solche gibt es) angewendet werden. Auch die Seide vermittelt eine geringe Aufladung. Wohl jeder hat schon beim Ausziehen von Wolle- oder Seidenkleidung, die direkt am Körper getragen wurde, das knisternde Entladen erlebt, insbesondere wenn der Körper zum Boden und zur Luft keine rechte Ableitungsmöglichkeit für diese Elektrizität hat, d. h. wenn Gummi- oder Kunststoffsohlen getragen werden oder wenn der Bodenbelag isolierend wirkt. Stoffe, die in ihren Fasern Wasser aufzunehmen vermögen, spielen in dieser Richtung für den Menschen keine so belastende Rolle, wohl aber alle synthetischen Fasern, die wasserabhold sind. Das »Kleben« der Stoffe und das starke Verschmutzen der Kleidungs- und Unterwäschestoffe synthetischer Herkunft hängt mit der elektrostatischen Aufladung zusammen. Wer eine kleine Ahnung von der Herstellung und Verarbeitung der synthetischen Fasern hat, weiß, welche ungeheuren Schwierigkeiten durch die statische Aufladung auf jeder Etappe der Herstellungsprozesse entstehen. Auch im Tragen solcher Stoffe sind ihre Wirkungen nicht ganz unbedenklich. Es sei hier nur daran erinnert, wie Forscher in dem Computer-Laboratorium der Universität Leeds, England, festgestellt haben, daß der elektronische Ablauf im Computer gestört wird, wie Fehlschaltungen veranlaßt werden durch die Nylonunterwäsche der Angestellten. Man hat sie bitten müssen, Naturfaserunterwäsche zu tragen. Auf die Theorien über die Entstehung dieser Elektrizität – Reibung, Elektronen- oder Ionenausgleich, Kontaktpotentiale usw. – kann hier nicht eingegangen werden. Wir müssen uns ja bewußt machen, daß der Mensch ständig einen Elektrizitätserzeuger in sich hat, daß er auch ständig diese Elektrizität abgibt, eine Elektrizität, die gemessen werden kann, sowohl im Ganzen wie in einzelnen Organen. Sie hat mit Wirkungen aus seinem physischen Leibe heraus zu tun, keinesfalls mit seinem eigentlichen geistigen Wesen als Mensch. Sie kann zwar das Wirken dieses geistigen Wesens beeinträchtigen, insofern er den physischen Leib als Spiegelapparat braucht, weil eben auch diese Elektrizität aus dem Menschenwesen fremden Bereichen stammt. Das freie geistige Sein kann sie aber nicht beeinflussen.

Man kann sich vorstellen, daß in der Industrie der Kunstfasern nicht nur ein Interesse vorliegt, die elektrostatische Aufladung während der Produktionsprozesse zu verhindern oder einzuschränken, sondern daß auch vielfältige Verfahren angewendet und ausprobiert wurden. Oft war es ein Teufelsaustreiben mit Beelzebub. Das Problem ist noch keinesfalls gelöst und dürfte auch kaum zu lösen sein; denn man kann das Produkt nicht vom Wesen seiner Herkunft lösen. Als allgemein wirksamstes Mittel wird die sogenannte »antistatische Präparation« angesehen, deren Voraussetzungen wieder unter verschiedenen theoretischen Gesichtspunkten gesehen werden und kaum an die Realität herankommen. Da die elektrostatische Aufladung angeblich nur eine Oberflächenerscheinung ist, wird eine antistatische Präparation nur auf der Oberfläche der Faser als wirksam angesehen. Dort muß das Mittel haften, um den gewünschten Effekt zu erzielen. Aber die waschechte und waschbeständige Fixierung auf der Oberfläche behindert sie.

Da synthetische Fasern den hygienischen Ansprüchen einer Menschenbekleidung vorerst in keiner Weise entsprechen, brauchen die Probleme hier nicht weiter verfolgt zu werden. Es dürfte verständlich sein, daß alle Präparationen an Fasern und Stoffen der aktiven Tätigkeit des menschlichen Organismus und seiner Absonderungen ausgesetzt sind. Damit sind immer wieder neue Beeinflussungen und Schädigungen des Menschen über seinen Stoffwechsel durch chemische Fremdstoffe gegeben; denn die Haut resorbiert auch die durch ihren Schweiß aufgelösten Stoffe und führt sie in das Blut über.

Der Mensch muß sich bewußt mit dem Element, das als elektrostatische Aufladung erscheint und gewissermaßen zu seinem Leibe gehört, auseinandersetzen; denn er führt es als ein ihm fremdes Wesen von Geburt an in sich. Diese Auseinandersetzung, die nicht in einer Flucht davor bestehen kann, ist am besten noch gewährleistet durch Woll- oder Seidenkleidung.

Forderungen an Stoff und Kleidung

»Es reißt der Zusammenhang mit dem Geiste, wenn er nicht durch die Schönheit erhalten wird. Die Schönheit verbindet das ›Ich‹ mit dem Leibe.«
Rudolf Steiner

Wenn eine ursprüngliche Bekleidung des Menschen allein künstlerischen, spirituellen Sinn offenbarte, durch den sein Zusammenhang mit geistigen Sphären und Welten zum Ausdruck gelangte, so müssen heute notwendigerweise vorerst andere Motive für die Bekleidung leitend sein, ohne daß man die Schönheit zu vernachlässigen braucht.
War in frühesten Zeiten der Menschheit ein Geist maßgebend, der die menschliche Seele in das Geistige, Erdflüchtige leitete, und wirkte er gerade in jenen sonnigen, warmen und heißen Gegenden, wo die »schmückende« Neigung sich am Körper besonders auslebte, so überwiegt heute fraglos ein durchaus anders gearteter Geist in den Menschen. Er hat nicht die Tendenz, den Menschen erdenflüchtig zu machen, ihn in das Geistige zu führen. Ihm ist das Ballende, Zusammenziehende und Verhärtende eigen. Er leitet die Menschen anscheinend ausschließlich in die Kühle, Schwere und Dunkelheit, in den Bereich der waltenden Erdkräfte hinein.
Uns ist die ernste Aufgabe gestellt, den Menschen bei seinem unaufhaltsamen äußeren Abstieg in Bereiche, wo das Geistesleben und die Kultur bedroht werden, mit einer Kleidung zu versehen, die ihm in diesen Erdbereichen derartige gesundheitliche Voraussetzungen bietet, daß er aus eigenem Willen sein Geistesleben auch wieder in spirituelle Zusammenhänge zurückführen kann. Dazu gehört natürlich ebenso die Schönheitsgestaltung seiner äußeren Hüllen. An dieser dringenden Zukunftsaufgabe darf ihn weder manipulierte Kleidung noch manipulierte Nahrung behindern. Aber so wenig der Mensch sich in den Himmel essen kann, so wenig kann auch die beste und schönste Kleidung ihm die geistigen Zusammenhänge erschließen. Voraussetzung ist stets eine selbstgewählte und geistgemäße Seelenpflege. Eine sinnvolle Be-

kleidung kann aber dazu beitragen, daß er seine Wesensglieder von der hygienischen Seite aus nicht ungünstig beeinträchtigt. Er kann durch einen geistgemäßen, harmonischen Zusammenklang derselben durchaus die Voraussetzungen schaffen, um seinem Ich und seinem Seelenwesen das Ringen um wahre Wesenserkenntnis zu erleichtern. Die Aktivität zu diesem Wege, das Bedürfnis nach der Erkenntnis dessen, »was die Welt im Innersten zusammenhält«, muß der Mensch sich selber aufs neue aneignen. Er muß erkennen lernen, daß er das Leben in Zukunft nur von dieser Seite aus wird meistern können. Andernfalls wird er zum geistleugnenden, geistlosen Sklaven jener Welt, die ihm in der perfektionierten Elektro-Maschinenwelt äußerlich entgegentritt. Daß ihm auf dem Wege der Geistsuche auch die Kleidung etwas helfen kann, ist beispielsweise schon daraus ersichtlich, daß eine Kleidung, die elektrostatisch stark aufladet, ihm eine geistige Tätigkeit bedeutend erschwert. Man denke nur an die mangelnde Konzentrationsfähigkeit bei elektrostatischer Aufladung.

Man kann sich nun die Frage stellen: Was muß der Mensch von seiner Kleidung heute erwarten können? – Sieht man erst einmal ab von den schmückenden Eigenarten einer Kleidung, die mehr oder weniger stark individuell betont sind, so treten als viel wichtiger solche Eigenschaften in den Vordergrund, auf welche die meisten Menschen kaum achten, weil ein Bewußtsein für Qualität und für Beziehungen zwischen Wohlbefinden und Qualität nicht sehr entwickelt ist. Teure Kleidung braucht dabei durchaus nicht immer die geeignetste zu sein.

Legt man sich eine Anzahl von Fragen und Voraussetzungen vor, nach denen man seine Forderungen an die Bekleidung richten möchte, so wird man bald merken, daß das keinesfalls sehr einfach ist, weil man sich im allgemeinen relativ wenig Gedanken über das macht, was man trägt, oder weil man die Kleidung auch bewußt vernachlässigt. Da bestehen natürlich Unterschiede zwischen Frauen und Männern. Die Kleidung soll gefallen, muß eventuell wärmen oder im Sommer nicht zu sehr wärmen! Sehr viel weiter gehen die Erwägungen bei den meisten Menschen wohl kaum. Der Rest wird bestimmt durch Mode, Imitation, die Redegewandtheit der Verkäufer und die Preislage der Ware.

Hier soll einmal versucht werden, an Hand bestimmter Erscheinungen, die unterschiedliche Stoffe in Wechselwirkung mit dem Menschen hervorrufen können, einen Fragenkomplex herauszuarbeiten, den jeder Kleidungskäufer sich mehr oder weniger bewußt auch vorlegen könnte, um an dem Problem mitzuarbeiten, eine menschengemäße und möglichst einwandfreie Kleidung zu erreichen. Man wird finden, daß alle Erwägungen und Fragen sich vor allem hinorientieren sollten auf die hygienischen, d. h. gesundheitlichen Wirkungen von Stoffen und Bekleidungen, wozu auch ihre Farben gehören. Damit ist etwas für die Schönheit des Trägers getan.

Die wichtigsten Erwartungen, die unsere Kleidung erfüllen sollte, sind die, daß sie uns richtig wärmt und schützt. Dazu ist erforderlich, daß sie in der Lage ist, die menschliche Leibeswärme so in Einklang zu den klimatischen Bedingungen zu bringen, daß der Mensch mit seinen Wesensgliedern sich darin harmonisch fühlen kann. Das bedeutet aber, daß Stoffe und Kleidung weder eine Auskühlung noch eine Überhitzung zulassen dürften. Sie dürfen keine Hitzestauung, keine Dunsträume entstehen lassen und müssen auch die Hauttätigkeit fördernd beeinflussen, so daß die menschliche Ichorganisation, die sich in der Wärmeorganisation auslebt, im Hautorgan voll tätig sein kann.

Zur positiven Eigenschaft der Kleidung muß es weiter gehören, daß sie die Atmung der Haut in keiner Weise stören darf. Sie muß sie sogar anregen durch die Art, wie sie sich über die Haut als äußere Hülle legt und wie sie sich in die gliederbewegende Tätigkeit des Menschen gemäß ihrer Aufgabe »tätig« einfügt.

Das ist eine kleine Auswahl von Qualitätsforderungen, die der Mensch an seine äußeren Hüllen stellen muß. Man kann sich theoretisch kaum vorstellen, daß so etwas zu erfüllen ist; doch ist das Maß der Forderungen noch keineswegs voll. Ein ganz wichtiger Aspekt ist im Zeitalter der Elektrokultur das elektrostatische Verhalten eines Kleidungsstückes; denn von ihm hängt für die meisten Menschen ganz wesentlich Ausdauer und Wohlbefinden ab. Stoffe, die stark aufladen, erzeugen die meisten chronischen und oft undefinierbaren Beschwerden, von den allgemeinen Müdigkeits- und Erschlaffungserscheinungen, Energielosigkeit, Konzentrationsschwäche bis zu Kopf- und neuralgischen Schmerzen und manchem anderen.

Der Mensch ist von Natur aus Träger bestimmter elektrischer Ladungen. Das hat er mehr oder weniger gemeinsam mit fast allen Dingen der Erde. In ihm findet sich eine Art strömender Elektrizität. Wie diese elektrischen Strömungen in den Menschen gelangen, kann hier nicht weiter ausgeführt werden. Wesentlich für ihn ist immer, daß diese physikalische Qualität seines Leibes mit seinem eigentlichen geistigen Menschenwesen nichts zu tun hat. Seine Kleidung und seine Lebensbedingungen müssen aber so sein, daß er immer in der Lage bleibt, die elektrostatischen Ladungen leicht ableiten zu können. Dabei muß ihm die Kleidung behilflich sein und ihn nicht daran hindern, wie es manche moderne Gewebe tun, die aus chemischen Retorten entstanden sind. Man sollte immer bedenken, daß sowohl von der elektromagnetischen Erde wie auch von den Erfindungen der Neuzeit viele Gelegenheiten geboten werden, das »erträgliche« Maß elektrostatischer Aufladung für den Menschen weit zu überschreiten. Auch für diese Seite seines Lebens muß der Mensch allmählich ein waches Bewußtsein entwickeln.

Gibt es überhaupt Stoffe, die derartige Ansprüche des Menschen an seine Umhüllungen befriedigen können? Wenn aus der gegebenen Charakteristik der einzelnen Textilfasern noch nicht restlos klar geworden ist, welche Fasern die geeignetsten für die menschlichen Bekleidungen sind, so mag hier kurz gegenübergestellt werden, was der Mensch von ihnen in Bezug auf die aufgezählten Forderungen erwarten kann.

Auf die gestellte Frage bietet sich sofort die *Wolle* an, die in ihren Eigenarten in der Lage ist, alle obigen Forderungen zu erfüllen. Es gibt keinen Stoff, der in gleicher Weise wie die Wolle – außer der *Naturseide* – fähig ist, die bewegliche Leibeswärme im und um den Körper herum so zu hegen, wie es für den Menschen gesundheitlich erforderlich wäre. Das Wärmehaltevermögen der Wolle ist wohl ihre wertvollste und bekannteste Eigenschaft. Wodurch erreicht sie das? Sie ist in der Lage, vermöge der Kräuselungstendenzen der Fasern viel Luft im Gewebe festzuhalten. Diese Eigenart des Wollfadens macht das Gewebe locker. So enthält z. B. das dichteste, stark gezwirnte Kammgarngewebe volumenmäßig 40 Prozent Wolle und 60 Prozent Luft. Der große Lufteinschluß bewirkt eben die wertvollste Qualität der Wolle, das Umgehen mit der Wärme, das Wärmehaltevermögen. Es dürfte bekannt sein, daß die in der Kleidung eingeschlossene Luft gerade die Wärmeisolierung bewirkt. Im Gegensatz zu obigen Zahlen

des Kammgarngewebes hat man bei Prüfung von Baumwollgewebe gefunden, daß es nur 20 Prozent Luft und 80 Prozent Baumwolle enthält und damit in keiner Weise eine erforderliche Wärmeisolierung gewährleisten kann.
Die natürliche Kräuselung der Wollfaser hat man vielfach bei den Chemiefasern nachzumachen versucht, um dadurch eine ähnliche Verteilung von Luft und Gewebestoff zu erreichen, wie sie die Wolle bietet. Im Gebrauche hat sich dann gezeigt, daß die mühsam erreichte Lockerheit durch Druck und Tragen bald wieder verschwindet. Als Folge ergeben sich dann eine viel geringere Wärmeisolation und manche andere Nachteile. Die Wolle bewahrt dagegen ihre ursprüngliche Lockerheit im Gebrauch sehr lange.
Eine andere Eigenschaft des Wollgewebes auf Grund der Qualitäten der Wollfaser ist das Umgehen mit der Feuchtigkeit, mit dem Wasser, d. h. mit dem verdunsteten Körperschweiß und der Benetzung von außen. Die Wolle kann viel Wasserdampf, der durch Verdunstung an der Haut entsteht, in ihre Fasern innerlich aufnehmen. Bis zu einem Drittel des Gewichtes des Trockengewebes wird absorbiert und erst wieder abgegeben, wenn die Umwelttrockenheit es erlaubt. Inzwischen bleibt dieses Verdampfungswasser im Innern der Fasern, so daß die Wolle sich überhaupt nicht feucht anfühlt. Diese Eigenschaft gehört mit zu den wichtigsten der Wolle. Sie trägt zu ihrem hohen hygienischen Wert bei. Wer jemals Unterwäsche aus Kunstfasermaterial getragen hat, wird eine derartige Eigenschaft der Wolle wohl zu schätzen wissen. Sie klebt dabei niemals an der Haut. Kunstfasern vermögen zumeist keine Feuchtigkeit zu absorbieren.
Ebenso bemerkenswert ist das Verhalten der Wolle gegenüber dem Wasser, das von außen kommt. Wassertropfen laufen glatt ab. Wollgewebe saugt das Wasser nicht einfach auf. Es ist schon sehr auffällig, wie der Wasserdampf das feine Häutchen (Epicuticula), das jede Wollfaser umgibt, durchdringt, während flüssiges Wasser das nicht vermag. Die oberflächliche Wasserabstoßung verhindert das Aufsaugen von Wasser. In der wissenschaftlichen Literatur sind Statistiken veröffentlicht, welche die Wasserdampfabsorption demonstrieren. Da liegt Wolle an der Spitze aller Textilien, ganz in der Nähe die Seide; in weitem Abstande folgen erst Baumwolle und weiter ab die Chemiefasern.

Für die Gefälligkeit der Gewebe spielt oft ihr Verhalten zu den Farben, zur Färbbarkeit eine große Rolle. Wolle nimmt Farbstoffe gut an, daher lassen sich ihre Fasern in fast jeder gewünschten Tönung färben, wieder im Gegensatz zu den synthetischen Fasern, die die Farben nicht »aufziehen« wollen. Ihnen werden sie dann äußerlich durch chemische Manipulationen aufgeprägt.

Die Elastizität der Wolle ist bekannt. Diese Qualität macht die Wollstoffe neben ihren übrigen hygienischen Vorzügen so form- und tragebeständig. Es gibt synthetische Fasern der Polyamide und Polyester, die reißfestere Fasern liefern als die Wolle, doch entscheidet die Reißfestigkeit der einzelnen Fasern nicht über die Reißfestigkeit eines Gewebes. Da bewirkt eben gerade die Elastizität der Wolle einen Ausgleich gegenüber Anforderungen, die man isoliert in Reißversuchen zum Ausdruck bringt.

Die Fähigkeit, Wasser und Schmutz abzustoßen, ist bei den verschiedenen Geweben unterschiedlich. Es wird behauptet, daß sie mit der Tendenz der Fasern zusammenhinge, sich elektrisch aufzuladen. Darüber wurde von anderen Gesichtspunkten schon berichtet. Es ist eine Erfahrungstatsache, daß fast alle synthetischen Stoffe sich beim Tragen sehr viel mehr elektrisch aufladen als Wolle oder Seide, wobei dann auch die Staub- und Schmutzteilchen angezogen und festgehalten werden.

Eine ganz besondere Eigenart der Wolle muß noch hervorgehoben werden, weil sie einzigartig unter allen Stoffen ist. Sie ist die einzige Textilfaser, die auch Düfte zu binden fähig ist. Übelduftende Ausdünstungen, die der Mensch hie und da durch die Haut und den Schweiß abscheidet, werden von der Wolle aufgenommen, anscheinend chemisch gebunden und ihres üblen Duftes weitgehend entledigt, wenn keine Kunststoffzwischenlagen als Futter, Hemden, Blusen usw. diesen Vorgang behindern. Im Gegensatz dazu werden derartige Erscheinungen unangenehm aufdringlich bei Menschen, die Chemiefasergewebe tragen. An deren Dunstaura kann man immer feststellen, daß sie mit Kunstfasertextilien bekleidet sind. Darum nehmen solche Menschen so viel und oft ähnlich unangenehme Duftwässer und -puder, in der Hoffnung, daß der Körperduft dadurch ausgeglichen werde.

Warum erlebt der Mensch, wenn er Wolle trägt, niemals ein Kältegefühl auf der Haut? Weil der gekräuselte Wollfaden selbst bei dem glattesten Wollgewebe aus der Oberfläche hervorsteht und damit bewirkt, daß der Kontakt zwischen Haut und Gewebe auf diese relativ wenigen hervorragenden Fasern beschränkt ist. Die Wollkleidung »schwebt« gewissermaßen über der Haut, und die erwärmte Luft dazwischen isoliert dadurch von der möglichen Abkühlung. Dieser Effekt wird selbst da erreicht, wo Durchnässung erfolgt. Wo Gewebe aller anderen Textilfasern sich naß dicht der Haut anlegen, da funktionieren selbst in einem solchen Zustande noch die hervorragenden kleinen Wollfasern des Gewebes.

Man redet heute mit Recht so viel von den Schäden, die vermehrt aus der Umwelt auf den Menschen zukommen. Man beginnt zu erkennen, daß es für den Menschen nicht gleichgültig ist, was aus Licht und Luft, aus dem Wasser, der Erde, der Wärme, den Strahlungen und manchem anderen auf ihn einwirkt. Sein gesundheitliches Befinden und Verhalten wird dadurch beeinträchtigt, wenn nicht ständig entsprechende Abwehrreaktionen auftreten und Vorsichtsmaßnahmen getroffen werden. Wenig hört man jedoch davon, wie die allernächste Umgebung des Menschen – seine eigene Kleidung und alles, was an seine Haut herankommt – auf ihn wirkt. Die Haut ist jenes Organ, in dem sich der *ganze* Mensch – wie schon im übrigen Organismus – mit seinen Wesensgliedern der Umwelt gegenüberstellt, sich von ihr absondert und sich auch mit ihr verbindet. Sie ist das Organ, das nochmals die ganze Individualität repräsentiert, in dem ebenso die sonst im Körper vor sich gehenden Funktionen tätig sind. Man denke nur an die Atmung, Nieren- und Zirkulationsfunktionen, die alle in der Haut repräsentiert sind. Sie sondert vermöge ihres Aufbaues und ihrer Verbindung mit den Wesensgliedern des Menschen Gase, Flüssigkeiten, Fette, Abbaustoffe und Wärme aus dem Stoffwechsel- und Krankheitsgeschehen ab. Da sie aber nicht nur diese nach außen gerichtete Tätigkeit ausübt, sondern auch die umgekehrte, kann es leicht vorkommen, daß Ausscheidungsstoffe wiederum hereingenommen werden, wenn gerade die Kleidung ungeeignet ist, d. h. dem Wesen des Menschen nicht gerecht wird. An der Kleidung und Hautpflege liegt es, ob diese Ausscheidungen als Reste organischer Vorgänge im Körper mit der Haut mehr oder weniger verbunden bleiben oder nicht. Die Wolle entlastet die Haut davon auf Grund der beschriebenen

Eigenschaften. Die Kunstfasern sind dazu nicht fähig. Es kommt zur Rückresorption solcher Stoffe, dadurch allmählich zu schlechter Hautfunktion und zu sogenannten »Selbstvergiftungen« des Menschen. Man überlege sich einmal, was das z. B. für einen Raucher bedeutet. Aber nicht allein die Stoffwechselvorgänge der Haut sind wesentlich. Sie ist bekanntlich auch Träger wesentlicher Sinnesfunktionen, die für das Leben des Menschen unerläßlich und entscheidend sind. So kann sie zum Spiegel der gesundheitlichen Vorgänge im Organismus werden und durch ungünstige Bekleidung in ihren Aufgaben versagen.

Praktische Hinweise

Angesichts der Vielfalt der angebotenen Textilien und im Hinblick auf die meistens vorhandene Unsicherheit der Verbraucher, sich damit zurechtzufinden, soll hier versucht werden, einige Hinweise zu geben, was der Arzt raten würde, wenn er gefragt würde. Das kann natürlich nicht für alle Lebenssituationen geschehen. Auch mag sich mancher keineswegs angesprochen fühlen. Die individuelle Stellungnahme und Entscheidung muß dabei immer die letzte bleiben. Es ist genau so wie bei Ernährungsratschlägen. Die Hinweise können nur richtungweisend sein. Vorstellungen und Urteile über das Gebiet mögen auch in verschiedenen Stellen unterschiedlicher Art sein. Da bleibt dem Beratenen nichts anderes übrig, als auszuprobieren und Erfahrungen zu sammeln. Seine Probezeiten sollten aber immer über einige Wochen ausgedehnt werden.

Die Frage der Kosten der einzelnen Textilien, die für den täglichen Gebrauch dienen, muß hier unberücksichtigt bleiben, da sie über die Sache selbst wenig aussagen. Sie sind nur im Rahmen der sozialen Stellung, des sozialen Verhaltens und Beurteilens des Konsumenten zu würdigen; denn wenn man ein etwas teureres, länger haltendes Kleidungsstück (was durchaus nicht jedermanns Sache ist) kauft statt mehrere von kürzerer Lebensdauer, hat man wahrscheinlich ökonomisch gehandelt, ganz abgesehen davon, daß das gesundheitliche Wohlbefinden ausschlaggebend sein sollte. Ein solches Verhalten ist ökonomischer; es steigert die Arbeitslust und -fähigkeit im Leben.

Nun gibt es ja auch den Standpunkt der Gleichgültigen, die für den Krankheitsfall auf die Verpflichtungen der Krankenkassen, für alles aufkommen zu müssen, hinweisen, während der Mensch für die Vorbeugung von Krankheiten – dazu gehört hygienisch einwandfreie Kleidung – die Kosten selber tragen muß. Solchen Zeitgenossen ist nicht zu helfen. Ihr Standpunkt ist zum großen Teil durch die Entwicklung der um sich greifenden Staatsmedizin entstanden und gefördert. Sie will die Beurteilung und Beachtung alles dessen, was zur Gesundheitspflege gehört, möglichst mehr und mehr dem Individuum entziehen und es bevormunden sowie alles möglichst dem Computer überantworten, der dann schließlich durch elektrostatisch aufladende Kunststoffunterwäsche doch versagt.

Es wäre naturgemäß, mit der Bekleidung des Säuglings, des Kleinkindes zu beginnen. Da wird der Erfolg einer Beratung davon abhängen, ob die Mutter sich die hier vertretenen Grundsätze zu eigen machen kann. Wenn man sich überlegt, wie das neugeborene Kind auftaucht aus einem warmen, flüssigen Milieu in der Mutter und dann in die kühlere, trocknende Luft versetzt wird, aber dabei noch eine sehr durchlässige, verdunstende Haut hat, dann kann man vielleicht verstehen, daß man diesem Zustande in bestimmter Weise Rechnung tragen muß. Das leicht schwitzende Kind sollte am Oberkörper so bekleidet sein, daß keine feuchte Dunsthülle um seinen Körper entstehen kann, daß der Schweiß immer sofort aufgesogen wird. Es muß eine Wärmehülle um sich haben, die gut durchlüftet ist. Das ist am besten gewährleistet durch leichte wollene Hemdchen und Wolljäckchen (keine Kunstfaser!). Der untere Körper, der durch die häufigen Urinabscheidungen leicht in einer feuchten Dunstkammer liegt, muß durch Windeln und Tücher geschützt werden. Es gibt Baby-Kinderhemdchen aus Wolle für alle Altersstufen. Man muß sie nur immer wieder im Handel verlangen. Ebenso wird man Wollflanell, wollene Windelhosen, Strampel- und Kinderhöschen und kleine Pullover bekommen. Man darf sich nur niemals über synthetische Beimischungen täuschen lassen. In der Schweiz lassen sich die Frauen nicht ohne weiteres mit Ersatzstoffen abfertigen. Man bekommt dort auch für solche Fälle, wie sie noch aufgeführt werden, Seidentrikot- und Seidenwolltrikotunterwäsche. Eine geschickte Mutter oder Großmutter kann solche Wäscheartikel auch leicht selber herstellen.

Da eine regelmäßige, rhythmische Nahrungsaufnahme auch die Abscheidungen etwas »rhythmisiert«, ist durch eine aufmerksame Pflege wohl zu erreichen, daß das Kind meistens trocken liegt. Man sollte es nie in Federbetten legen. Sie überhitzen und können direkt Fieber erzeugen. Wolldecke und Hirsekopfkissen sind besonders geeignet. Eine solche Pflege setzt große Liebe voraus. Wo sie nicht vorhanden ist, kann man eine sorgfältige Hegung des Kindes nicht erwarten.

In obiger Art wird man dann auch über die Säuglingszeit hinaus das Kind bekleidungsmäßig umhegen. Man wird abwechseln zwischen dickerem und feinerem Wollhemd und ebensolchen Unterhosen, je nach Jahreszeit. Weiter wird man wollene Oberkleidung wählen. Man wird wollene Strümpfe und Strumpfhosen bevorzugen und wird erleben, daß das Kind wenig äußeren Infekten ausgesetzt ist, daß es wenig Erkältungen durchzumachen hat und auch die physiologischen, die Entwicklung kennzeichnenden Kinderkrankheiten leicht überwinden wird. Im allgemeinen wird man die Erfahrung machen, daß die übliche Sorgenlast der Eltern um das werdende Menschlein eine viel geringere ist, als wenn man sich anders verhält. Erwähnt muß noch werden, daß man die Kleinkinder nicht auf Kunstfaserteppichen und Bodenbelägen sowie auf Isolierböden kriechen lassen sollte. Wenn es nicht anders möglich ist, immer eine richtige Wolldecke oder Schaffelle auf den Boden legen.

Eltern, die an den gegebenen Richtlinien ihre Erfahrungen gemacht haben und ihre Kinder in dieser Weise bekleidungsmäßig sich entwickeln sehen, werden bis zur Schulzeit keine Schwierigkeiten erleben. Das wird vielleicht erst dann anders, wenn die Kinder mit anderen Kindern zusammenkommen, die eine solche Bekleidungspflege nicht erfahren haben; denn sie verlangt eben großes Verständnis für das Menschenwesen, das immer erst erworben werden muß.

Die Schulzeit ist im Hinblick auf die Bekleidung der Kinder von einem ganz neuen Moment überschattet. Über die unterschiedlich gearteten Elternhäuser, die unter dem suggestiven Einfluß der öffentlichen Kommunikationsmittel – Zeitung, Illustrierte, Radio, Fernsehen – stehen, beginnt sich unter den Kindern etwas zu entfalten, was man mit Recht den »Klassenzwang« nennen könnte. Es kommt die Zeit, wo die Kinder in der Bekleidung nicht von den Klassenkameraden abstechen oder sich unterscheiden wollen. Sie werden häufig in solchen Fällen Neckereien und Quälereien durch den »Klassengeist« ausgesetzt, wenn nicht der Lehrer dann seine aufklärende Aufgabe ergreift; denn die Bekleidungslehre gehört auch zur pädagogischen Aufgabe wie die der Ernährung. In der Zeit der heranwachsenden Jugend wird man allerdings mehr und mehr erleben, daß Vernunfterwägungen wenig Zugang finden, wenn nicht die Eltern schon durch gleiche Kleidungsart ständig als Beispiel vorgelebt haben. Es entwikkelt sich gerade dann allmählich das Individuum und oft auf Wegen, die zuweilen als ungut erscheinen mögen. Daß man für »zünftig« ansieht, kein Unterhemd und zu kurze Pullover zu tragen, mag theoretisch noch angehen. Daß aber dadurch die Bekleidung in zwei Teile zerfällt – einen, der ständig nach oben rutscht und einen, der um die Hüften getragen wird, wodurch immer eine Partie des Rückens, besonders die Nierengegend, unbedeckt ist und somit Voraussetzungen für Krankheiten abgibt, die selten wieder ganz ausheilen, das wird übersehen. Seitdem diese Modeabsonderlichkeiten, die auf Fahrrädern, Mopeds, Motorrädern und bei anderen Gelegenheiten demonstriert werden, die jungen Menschen beherrschen, gibt es derartig viele chronische Blasen-Nierenbeckenentzündungen, wie es sie früher nie gegeben hat.

Für denjenigen Menschen, der allmählich erwachsen geworden ist, d. h. der auch in Bekleidungsfragen ein Bewußtsein entwickeln kann, mögen Erwägungen über den Sinn und Zweck der Kleidung durch folgende Anregungen unterstützt werden.

In ganz ähnlicher Weise, wie es auch für die Kinder dargestellt wurde, bietet die Wolle in den verschiedensten Ausführungen als Unterwäsche und als Oberkleidung für Frauen und Männer Möglichkeiten, sich nach individuellen Eigenarten zu kleiden. Hinzu tritt die Seide als ein beliebter Stoff für Blusen, Kleider, Oberhemden usw. Es braucht darüber hier nicht mehr viel ausgeführt zu werden. Man kann auch das bekannte Wort »Seide auf den Kopf, Wolle an die Füße« sich zu eigen machen, womit eben ausgedrückt wird, daß der obere bis mittlere Mensch oft mehr von der Seide hat und der untere vor allem auf die Wolle angewiesen ist.

Ein Künstler kann durch seine Kleidung auch dann, wenn er nicht gerade künstlerisch tätig ist, sich etwas von dem bewahren, was sich ihm ergibt, wenn er an seine Kunst hingegeben ist. Da kommt nur die Seide in Frage, Seide für Unterkleidung, für Oberkleidung, je nach den klimatischen Situationen. Seide bietet den Schutz, den der Ausübende braucht. Das ergibt sich ohne weiteres aus dem, was über den Kokon angedeutet wurde. So bewahrt sie ihm auch die Wärme, die zu verlieren er große Neigung hat, und läßt die Kräfte durch, die für ihn gerade wesentlich sind. Für den weiteren Schutz nach außen dient wieder die Wolle. Bei einer solchen Bekleidung, die jegliche synthe-

tischen Stoffe vermeidet, werden die oft auftretenden Erschöpfungserscheinungen immer in mäßigen Grenzen bleiben.
Der erwachsene Mensch spürt die Vorteile einer Bekleidung, die dem Naturreich entnommen ist. Vielfach wurde vorstehend über sie berichtet. Wollene Unterkleidung, Oberkleidung und Strümpfe oder rohseidene Trikotunterwäsche (evtl. mit reiner Wolle verwebt) schützen den Menschen vor vielerlei Zivilisationsschäden und halten ihn länger bei Kräften, diesen Schäden zu widerstehen. Unsinnig sind die vielen modernen Bekleidungsstücke aus luftundurchlässigen, synthetischen Stoffen, die vielleicht für kurze Zeit eine hervorzuhebende Wirkung zeigen, aber immer die Atem-Kreislauffunktionen beeinträchtigen. Als Beispiele sind unter anderen zu nennen die Regenmäntel und -hüllen, Skiausrüstungen, besonders auch die Fußbekleidungen aus Gummi und Kunstleder.
Einst lebten die Menschen noch so verbunden mit der Natur in ihrer Umgebung, daß diese harmonisch oder harmonisierend auf die Menschen wirken konnte. Das gibt es kaum noch infolge der Eingriffe des Menschen in diese Bereiche und infolge der Eigenschöpfungen des Menschen, die er disharmonisierend in die Natur hineingesetzt hat. Der Mensch, das Kind, der werdende Mensch kann aber immer noch eine gewisse Harmonie von außen empfangen, wenn er Seide und Wolle in ihrer Reinheit als Kleidung auf sich wirken läßt. Aus eigener Erfahrung werden Mütter, Pädagogen und Heilpädagogen erleben können, wenn sie gerade »nervösen«, »heilpädagogischen«, zu Krämpfen neigenden und unruhigen Kindern tags und nachts Wolle oder Seide in Trikotform (evtl. mit Wolle durchwebt) anziehen, daß diese Kleidung immer einen ausgleichenden, harmonisierenden Einfluß ausübt. Gerade heilpädagogische Kinder dürften niemals auch nur die kleinsten Spuren von synthetischen Kleidungsstücken tragen. Auch im Bette dürften solche Stoffe keine Rolle spielen. Zur Nacht noch eine kleine rohseidene Nachtmütze über die Haare verschafft notwendige Entspannung, Ruhe und Schlaf. Die gleiche Erfahrung können Erwachsene machen; sie würden manche Tablette einsparen können.
Auch bei kranken Menschen sollte die Kleidung immer aufmerksam im Hinblick auf das Leiden berücksichtigt werden. Außer den schon erwähnten Anwendungen kann man bei manchen Leiden entscheidend durch die Naturstoffe einwirken. So sollte man Kinder mit Ekzemen,

Schorfen, mit Röteln, Masern und Scharlach in Seide stecken – und zwar in Rohseide, die nicht entbastet ist. In gesunden Tagen sollen sie dann wieder Wollwäsche tragen.
Wolle-empfindliche Menschen, die zumeist wohl eine gestörte Leberfunktion haben, tragen am besten Seidenwäsche unter der Wolle, um die wohltuenden Wirkungen von ihr haben zu können, die ihnen die Kunstwäsche nicht geben kann. Menschen, die unter Hautjucken mit Steigerung zu Hautschmerzen leiden, verlieren diese Beschwerden durch rohseidene Unterwäsche und Nachtbekleidung.
Erstaunlich ist die Wirkung von Schaffellen auf Dekubitus, d. h. auf Liegegeschwüre, die bei langem Krankenlager und im Alter entstehen können. Sie heilen sehr schnell. Ganz ähnlich wirkt da eine Polsterung mit Seidenwatte. Daß seidene Unterwäsche vor Ungeziefer schützt, wurde schon erwähnt.
Wo der Mensch nicht die Zweiteilung seiner Kleidung eingeführt hat – wie im Westen – sondern gewohnt ist, den ganzen Körper von oben bis unten einzuhüllen, dort treten manche Erkrankungsmöglichkeiten seltener auf. Diese Schulter-getragene Kleidung steht der Hüft-getragenen Kleidung gegenüber, die wohl überwiegend aus der Verkennung der Gürtelfunktion (siehe oben) hervorgegangen ist. Für Frauen hat der richtige Hüftgürtel, der die Partien des unteren Leibes zusammenhält, eine ausgesprochen gesundheitlich vorbeugende Wirkung. Er verhindert auch manche Krankheiten der Frau, die nur indirekt mit dieser Körperregion zusammenhängen.
Locker getragene Kleidung zieht das Ich weniger in den Organismus hinein. Wenn man dagegen die Kleidung fest anliegend fühlt, zieht sie das Ich stärker herein. Das gilt bis zum Tragen von Schaftstiefeln.
Für das gesundheitliche Befinden von nicht zu unterschätzender Bedeutung sind für den Menschen neben einer gesunden Kleidung das Bett, die Stoffe, die er für die Nachtruhe verwendet. Vielfach ist die Ichorganisation des Menschen erwähnt worden, die in seinem Wärmeorganismus regulierend anwesend und tätig sein kann. Wenn hier auch im Rahmen dieser Abhandlung nicht das volle Wesen dieser Organisation geklärt werden kann, so ist es doch Tatsache, daß sie im wachen Tätigsein manches an Abwehr aus ihrer eigenen Fähigkeit heraus leisten und oft auch Folgen hygienischen Fehlverhaltens des Menschen ausgleichen kann. Das ist im Schlafe in dieser Weise nicht möglich.

Im Schlafe liegt eine andere Situation vor. Da greift die Ich-Organisation und der Seelenorganismus nicht direkt in den physischen Leib und den Lebensorganismus ein. Das nennt man eben den Schlaf. Er ist jene bewußtlose Situation des Menschenwesens, wo physischer Leib und Lebensorganisation sich relativ selbst überlassen sind zu vegetativem Leben, bis durch Erwachen die beiden höheren Wesensglieder wieder einziehen und die Tagesfunktionen in Tätigkeit treten. Im Schlaf sinken viele Körperfunktionen auf ein physiologisches Minimum herab, das durch einen Erdenrhythmus bestimmt ist. Dadurch wird der Körper für manche unbewußte Einflüsse aus der Umgebung anfälliger. Man muß der Schlafsituation durch die Auswahl der Textilmaterialien Rechnung tragen, um dem niedergestimmten physiologischen Geschehen im Organismus schützend zu helfen.
Um den Schlafzustand in seiner vollen Tiefe zu erreichen und dadurch den Organismus ganz zu entspannen, sind einige Voraussetzungen zu erfüllen, auf die der zivilisierte Mensch des 20. Jahrhunderts nicht immer in richtiger Weise eingestellt ist. Daß tunlichst ein Holzbett ohne Metallteile verwendet werden sollte, um die vielen Elektroimpulse aus der Umgebung (Lichtschalter, Steckdosen usw.) nicht auf das Bett zur Einwirkung kommen zu lassen, ist eigentlich selbstverständlich. Auch den elektromagnetischen Bodenausstrahlungen sollte möglichst aus dem Wege gegangen werden.
Wenn derartige Voraussetzungen erfüllt sind, dann kommt die Ausstattung des Bettes selbst, die im Sinne der bisherigen Ausführungen naturbelassene Wolle oder Seide bevorzugen sollte. Diese Dinge mögen anfangs etwas kostspieliger aussehen. Sie machen sich aber durch ihre Wirkungen vielfach bezahlt. Man erspare sich irgendwelche Prunkmöbel, die doch nur raumnehmend herumstehen und zu nichts nützen. Die naturbelassene Wolle bietet dem müden Menschen nicht nur volle Entspannung und einen ruhigen, tiefen Schlaf, sie gewährleistet auch eine gute Hautatmung und Schutz gegen manche Umwelteinwirkungen während des Schlafes: Matratzen, gefüllt mit Roßhaaren, Schaf- oder Kamelwolle, Woll- oder Kamelhaardecken, Auflagekissen (früher Plumeau genannt) und Kopfkissen mit Wolle oder Seidenwatte gefüllt. Zur Bettwäsche nimmt man feines Wollgewebe oder Wollflanell. Eine ausgezeichnete Ausstattung liefert Bouretteseide für Bettuch und Überschlaglaken. Manche Menschen erreichen den tiefen Schlaf nur

dann, wenn ihr Körper durch Decken genügend beschwert ist. Sie müssen gegebenenfalls doppelte Decken nehmen. Auch das Schaffell ist eine ausgezeichnete Auflage, die genügend Wärme und Schutz vermittelt.

Entsprechend der Tagesbekleidung nimmt man auch für die Nacht feines Wollgewebe oder aber Bouretteseide. Mitunter ist es angebracht, über den Schlafanzug oder das Nachthemd noch eine Wolljacke zu ziehen, da die Wärmeherabsetzung im Schlafe für die nicht zugedeckten Körperpartien eine beträchtliche sein kann. Eine Wolljacke läßt ruhiger schlafen. Das ist besonders von solchen Menschen zu beachten, die nachts viel husten oder durch Husten aufwachen. Kinder husten oft viel im Schlafe. Das verschwindet sofort, wenn sie mit Wolljacke im Bette liegen. Wichtig ist eben, daß die Arme warm bleiben. Wenn Menschen, besonders ältere Menschen sich an die gegebenen Richtlinien halten, werden sie erleben, daß sie nachts nicht so oft aufwachen und nicht so oft Wasser lassen müssen. Zur Ruhe und Tiefe des Schlafes trägt dann die schon erwähnte rohseidene Trikotschlafmütze bei.

Man kann sich zum Schluß noch Gedanken über die Wirkungen von Seide und Wolle auf den Menschen machen, die über das chemische und physikalische Erfaßbare hinausgehen. Der exakte Naturwissenschaftler wird diese Erwägungen, die nicht meßbar sind, kaum akzeptieren. Es gibt aber noch andere Menschen, die sich selber, d. h. den Menschen überhaupt – wie einst Goethe – als das beste Testobjekt anerkennen. Da werden sie ihre Erfahrungen im Sinne der Anregungen bei aufmerksamer Selbstbeobachtung machen können. Sie werden es erleben, was oft betont wurde, wie Seide als Unterwäsche oder Oberkleidung sie in bestimmter Art von Einflüssen aus der Umwelt abschirmt, wie schwächende Einflüsse, die oft von anderen Menschen ausgehen können, nicht angreifen. Es ist, als ob die Seide auch noch in versponnenem Zustande die Kokonwirkung an sich trägt. Diese Wirkung hüllt das Wesen – also sowohl den werdenden Schmetterling wie später auch noch den umkleideten Menschen – in schützende »Lichtwirkungen« ein. Ein Seidenträger bekommt viel seltener Grippe, kein Ungeziefer und – keine schlechte Laune.

Die Wirkung der Wolle insgesamt ist ähnlich jener Wesensseite im Schafe, welche die Erdenkräfte, die in seiner Verdauung kräftig tätig

sind, so zusammenzuhalten vermag, daß von ihnen vor dem Tode nur wenig bemerkbar ist.
Die Schafwolle hält auch als Kleidung die Kräfte des Menschen so zusammen, daß er seinen Erdenweg wirklich besser ausgerüstet, fester und lebenstüchtiger gehen kann als jener, der eine solche Kleidung entbehren muß. Man wird bei der großen Unterschiedlichkeit der Menschen auch da immer wieder differenzieren müssen. Der Geistesarbeiter und der echte Künstler werden gut daran tun, die Seide zu bevorzugen, weil sie die kosmischen Kräfte stärker zur Wirkung kommen läßt.

Anmerkungen

1 *Kammwolle* ist fast glatt oder nur gering gewellt. Ihre Faserlänge beträgt etwa 170–550 mm. Sie wird nach dem Kammgarnverfahren versponnen. Das besteht darin, daß alle Fasern parallel gelagert sind. Kurze Fasern werden herausgekämmt. Das hat zur Folge, daß wenig Faserenden hervorstehen und eine glatte Oberfläche erreicht wird. Auch die Kräuselung der Fasern wird beseitigt.
Streichwolle ist stark gekräuselt. Ihre Faserlänge beträgt etwa 36–250 mm. Das Streichgarnverfahren liefert eine unregelmäßige Faserlagerung und daher auch eine entsprechende Oberfläche.

2 *Keratin:* Gehört zu den Gerüsteiweißen, ist schwefelreich und kommt in den Haaren, Federn, Hufen, Nägeln, ferner in der Schalenhaut der Eier vor.

3 *Verunreinigung der Wolle:* In der Rohwolle fanden sich:
15–72 % Wollfasern und 12–47 % Wollfett und Wollschweiß.
3–24 % pflanzliche Bestandteile, Schmutz usw.
4–24 % Feuchtigkeit.

4 Chemische Zusammensetzung der *Seide:* Je nach Herkunft der Seide schwanken die in der Analyse gefundenen Substanzen in folgender Weise: 72–81 % Fibroin, 19–28 % Serecin, 0,5–1 % Fett, 1,0–1,4 % Farbstoffe und mineralische Substanzen.
Der Begriff »Rohseide« wird in Europa für ungebleichte Seide angewendet, bedeutet aber sonst die noch nicht verwobenen Seidensträhnen.

5 *Seiden-Fibroin:* Genau wie das Keratin der Wolle vermag das Seidenfibroin – ein Gerüsteiweiß – sowohl Säuren wie Basen zu binden; doch ist Wolle gegenüber stärkeren Säuren widerstandsfähiger als Seidenfibroin. Umgekehrt ist das Fibroin gegenüber Alkalien resistenter als Wolle.
Das Fibroin zerfällt in 66,5 % Glykokoll, 21,0 % Alanin, 1,5 % Leucin, 1,0 % Argenin, 10 % Thyrosin.

6 Von dem *Serecin* nimmt man an, daß es den Seidenfaden schützend umhüllt. Es macht ihn hart und glanzlos und wird beim »Entbasten« durch Seifenbäder entfernt. In heißem Wasser ist es löslich. Fibroin ist unlöslich.

7 *Baumwolle:* »Samenfasern«, gedeiht in Ländern, deren mittlere Jahrestemperatur zwischen 20 und 30 ° C liegt. Die Baumwollpflanze gehört zur Familie der Malvengewächse. Sie bildet kraut- oder strauchartige Gewächse, die eine Höhe von 1–2,5 m erreichen. Auch baumartige kommen vor.

Weitere pflanzliche Textilfasern:

Kapok: »Samenfasern« von den Samen des Kapokbaumes (Eriodendron anfructuosum) aus Indonesien.

Bastfasern: befinden sich in der Rindenschicht – Bastschicht – und werden daraus durch lange Vorgänge herausgelöst.

Stengelbastfasern liefern: Manilahanf, Sisalhanf, Yucca.

Hanf: Cannabis sativa, liefert aus den Stengeln Blattfasern.

Ramie: Eine Nesselart (Boehmeria nivea und viridis) aus Ostasien. Wird in Amerika (Florida), China und Indien angebaut. Die Ramiefaser ist die kräftigste Zellulosefaser, die sehr schwer verrottet. Sie besitzt seidenartigen Glanz.

Jute: Corchorus olitorius und capsularis, beide in den Tropen kultiviert, liefern die Jutefasern. Sie gehören zur Familie der Tiliaceae.

Literatur

Brehm's Tierleben, Bd. 9, Leipzig-Wien 1900
Bunge, v. G., Physiologie des Menschen, Leipzig 1905
Deutsche Rhodiaceta A.-G., Chemiefasern auf dem Weltmarkt
Diner, H., Seide, Leipzig 1940
Eberhard, L. E., Welche Farben wähle ich? München 1953
Effenberger, Die Wirkung elektrostatischer Aufladungen von Textilien auf den Menschen (in »Bekleidungsmedizin« II. Jahrg.)
Fiedler, H. F., Der Schweiß
Fritze, E.-R., Physikalische und chemische Eigenschaften der Wolle, Deutsches Wollforschungsinstitut.
Hauck, H., Handarbeit und Kunstgewerbe, Angaben von R. Steiner, Stuttgart 1969[3]
Kaufmann, M., Das Wichtigste aus der Textilwarenkunde, St. Gallen, Textil-Revue 1969
Kiener, F., Kleidung, Mode und Mensch, München-Basel 1956
Kröner, W., Die Metabiologie Gustav Jägers, Ulm-Donau 1955
–, In Wolle lebt sich's gesünder, Bad Homburg v. d. H. 1958
Landois-Rosemann, Physiologie des Menschen, München-Berlin 1955
Lefaux, R., Chemie und Toxikologie der Kunststoffe, Mainz 1966
Leibundgut, H., Schutz unseres Lebensraumes, München-Berlin-Wien 1971
Linde, W. u. Ossipow, P. A., Die Seide, Leipzig 1954
Mecheels, J., Bekleidungsphysiologie, Ztschrft. Panorama 1963
Rath, H., Lehrbuch der Textilchemie, II. Aufl., Berlin, Göttingen, Heidelberg 1963
Scheffer, Th. v., Die Kultur der Griechen, Köln 1955
Schmidt, H. J., Alte Seidenstoffe, Braunschweig 1958
Steiner, R., Über die Kleidung des Menschen (Vortrag vom 13. 2. 1924)
–, Entsprechungen zwischen Mikrokosmos u. Makrokosmos, Dornach 1958
–, Mensch und Welt, GA Nr. 351, Vortr. 8. 10. 1923
Stratz, C. H., Die Frauenkleidung, Stuttgart 1902

«Sozialhygienische Schriftenreihe»

Herausgegeben vom Verein für ein erweitertes Heilwesen, Bad Liebenzell

1 Walter Bühler
Der Leib als Instrument der Seele
in Gesundheit und Krankheit.
8. Auflage, 87 Seiten, kartoniert

2 Werner Christian Simonis
Taschenbuch der häuslichen Krankenpflege
5. Auflage, 103 Seiten, kartoniert

3 Werner Christian Simonis
Korn und Brot
2. Auflage, 159 Seiten, kartoniert

4 Werner Christian Simonis
Genuß aus dem Gift?
Herkunft und Wirkung von Kaffee, Tee, Kakao, Tabak, Alkohol und Haschisch.
3. Auflage, 136 Seiten mit Abbildungen, kartoniert

5 Werner Christian Simonis
Wolle und Seide
Der Mensch als Wärmewesen
Bekleidungshygienische Betrachtungen
4. Auflage, 80 Seiten, 8 Fototafeln, kartoniert

6 **Soziale Hygiene**
Seelisch-geistige Selbsthilfe im Zeitalter der Lebenskränkung.
3. Auflage, 240 Seiten, kartoniert

7 Udo Renzenbrink
Ernährung unserer Kinder
Gesundes Wachstum – Konzentration – Soziales Verhalten – Willensbildung
4. Auflage, 203 Seiten, kartoniert

8 **Mit Kindern leben**
Zur Praxis der körperlichen und seelischen Gesundheitspflege
2. Auflage, 277 Seiten, kartoniert

9 Udo Renzenbrink
Ernährung in der zweiten Lebenshälfte
Warum altert der Mensch? Störungen des Stoffwechsels
Ernährung und Wärmeorganismus – Rezepte
204 Seiten, kartoniert

10 **Krankenpflege zu Hause**
auf der Grundlage der anthroposophisch orientierten Medizin
164 Seiten mit 42 Abbildungen, kartoniert

11 Georg Kühlewind
Vom Normalen zum Gesunden
Wege zur Befreiung des erkrankten Bewußtseins.
248 Seiten, kartoniert

VERLAG FREIES GEISTESLEBEN